존중의 방식으로 다가가는 PDC 특수교육

학급긍정훈육법

학급긍정훈육 실천 시리즈 05

존중의 방식으로 다가가는 PDC 특수교육
학급긍정훈육법

공보영 · 권나현 · 김민진 · 김은서 · 김정하
김태수 · 문다혜 · 박주현 · 박지현 · 빈나리
송석희 · 우승희 · 정혜현 · 현은주 · 황민령 지음

특수교육
실천편

다블북

일러두기

· 본문에 소개되고 있는 모든 아이의 이름은 가명을 사용했다.

· 책 제목은 『 』, 편명은 「 」, 간행물은 《 》로 묶었다.

· 관용적으로 사용되는 전문적인 용어의 띄어쓰기는 일괄 붙여쓰기를 원칙으로 하였다.

추천의 글

존중의 방식으로 다가가기

김성환 (사)한국긍정훈육협회 이사장

이 책에는 아이들을 바라보는 관점과 철학, 친절하며 단호한 기술과 도구, 그리고 아이들과 함께 할 수 있는 활동, 선생님들이 학급긍정훈육법을 활용한 실천 사례가 조화롭게 담겨 있습니다.

학급긍정훈육법을 공부하고 학생들과 실천한 결과물이 대한민국에 처음으로 소개되는 것이어서 더욱 가슴 뜁니다. 아이들을 존중의 방식으로 대하는 구체적인 실천 사례를 만나고 싶다면 꼭 이 책을 읽어보기 바랍니다. 더불어 이 책에 소개된 다양하고 풍부한 사례를 만나기 위해서 집필에 참여한 선생님들의 강의도 꼭 들어보시기 바랍니다. 벌칙보다는 규칙을, 규칙보다는 원칙을 바라보는 15분의 이야기, 제인 넬슨과 린롯의 긍정훈육

법을 아이들과 교사 스스로에게 적용한 이야기를 설레는 마음
으로 만나보세요.

긍정훈육의 핵심과 방식을 배운다

송형호 (작가, 전 서울시교육청 생활교육 정책자문관)

90년대 말, '학교 붕괴'라는 말이 사회에 퍼졌습니다. 이는 우
리나라에 국한된 현상이 아니라 전 세계적으로 나타난 문제였
습니다. 그 당시 저는 아이들이 수업 중 저를 거부하고 있다는 강
한 느낌을 받았습니다. 90년대 중반부터 중학생들을 가르치면
서 많은 어려움을 겪었던 기억이 납니다.

책을 읽으면서 긍정훈육의 핵심이 아들러의 소속감과 자존감
이라는 사실을 알게 되었고, 이 두 가지가 아이들의 낯선 행동을
예방하고 긍정적인 변화를 이끌어낸다는 내용에 깊이 공감했습
니다. 아들러가 이 주제를 1930년대에 언급했으니, 그의 통찰은
사실상 100년 전의 미래를 내다본 것이라 할 수 있습니다.

그는 아이들이 낯선 행동을 하는 네 가지 목적, 즉 관심 끌기,
센 척하기, 공격하기, 도망가기 등을 설명했습니다.

특수 교사 15분이 협력하여 '긍정훈육'이라는 책을 집필하고
실천 사례를 공유했습니다. 추천사를 부탁받았을 때, 주저 없이
수락했습니다. 책을 읽으며 큰 기쁨을 느꼈습니다. 이 책은 세상
에 꼭 필요한 빛이 될 것이라고 확신합니다.

아이들의 마음을 읽으며 아이들의 세계에 들어가기

정유진 (사람과교육연구소)

"인간은 모두 작고, 연약하게 태어난다… 우리 학생들은 '특수'라는 이름을 다는 순간…" 이 글귀가 눈에 들어왔을 때 우리 교실에 찾아왔던 '특별'한 아이들이 떠올랐습니다. '더디고 더 어려운'이 아니라 더 노력이 필요했던 그래서 함께 성장하며 더욱 감동했던 특별한 인연이었지요.

20여 년 전 교사로 첫걸음을 내딛을 때 학년 배정 제비뽑기로 통합학급 담임이 되었습니다. 다음 해부터는 통합학급 경험을 해 본 사람이 또 하는 게 낫겠다는 마음으로 자원하곤 했지요. 어떤 해에는 동학년 선생님들께서 공평하게 제비뽑기를 하자고 제안했는데 역시 내가 맡게 되었고, 퇴직하던 해까지 10번을 통합학급 담임으로 살았습니다. 두 번째 학교에서는 특수 선생님과 4년 동안 카풀을 함께 했으니 이 아이들과의 만남은 운명이라 하지 않을 수 없겠죠?

다섯 자녀를 키우는 부모로서 자녀 양육을 공부하며 긍정훈육을 만나게 되었습니다. 긍정훈육은 자녀 양육의 주류인 자녀의 자존감을 위해 친절하기만 하고 단호함을 잃어버린, 그래서 응석받이로 키우게 되는 부모들에게 큰 가르침을 주었습니다. 새는 두 날개로 날아가듯 양육과 교육은 친절함 또는 단호함 어느 한 날개만으로는 날 수 없습니다. 관련 자료를 더 찾아보니 학급에서 긍정의 훈육을 실천할 수 있는 PDC^{Positive Discipline In The Classroom} 교육이 있었습니다. 이를 함께 번역하고 출판하여 한국에 PDC 의 씨앗을 뿌리게 되었고 지난 십여 년 동안 우리 교육에 긍정적 영향을 주고 있음에 깊이 감사합니다.

이 책은 정말 특별한 작품입니다. 단순한 경험담을 넘어, 학급 긍정훈육이라는 탄탄한 이론적 체계를 바탕으로 한 실천 사례 들이 담겨 있습니다. 이론에 기반한다는 것은 누구나 그 이론을 이해하고 활용할 수 있다는 것을 의미합니다. 이는 상식을 훨씬 뛰어넘는 열정을 가진 사람들만이 해낼 수 있는 일이 아니라는 점에서 더욱 중요합니다.

유치원, 초등학교, 중학교, 고등학교에 이르기까지 다양한 학 생들의 이야기가 담겨 여러 연령대의 다양한 아이들의 삶을 통 해 특수교육대상 학생에 대한 이해의 폭이 넓어졌습니다. 이 과 정에서 아이들이 성장하는 모습과 선생님들도 함께 성장하는 이야기는 깊은 감동을 줍니다. 이들에게 특수교육은 단순히 더 디고 어려운 과정이 아니라, 더 행복하고 성장하는 특별한 만남 이라고 생각합니다.

특수교사뿐만 아니라 모든 선생님과 부모님들이 이 책을 읽 기를 바랍니다. 이렇게 다양한 사람들의 깊은 이야기는 우리에 게 더 많은 감동과 감사의 순간을 선사할 것입니다. 이 책이 마치 운명처럼 당신의 삶에 다가가기를 바랍니다.

친밀한 관계 형성을 위한 최선의 선택

이종필 (서울 초등특수교사)

교사들은 자신과 함께하는 아이들이 친구들과 즐겁게 어울리고 의미있는 학교생활을 하는 모습을 꿈꾸며 아이들을 만납니다. 의사소통에 어려움을 겪고, 자신의 감정을 표현하는 데 어려움을 느끼며, 다른 사람들이 자신을 이해해 주지 않는 것 같아 자주 실패하고 실망하는 아이들이 있습니다. 이러한 실패와 실망이 반복되면, 수업 시간에 교실에 들어가지 않고 숨어버리거나, 쓸데없는 말을 하며 수업을 방해하거나, 무엇을 하자고 해도 가만히 무응답으로 일관하는 모습을 보이곤 합니다.

이런 상황은 교사에게 여간 곤욕스러운 일이 아닙니다. 교실 밖을 돌아다니는 행동은 안전사고의 위험과 학생의 학습권 문제로 교사를 심리적으로 압박합니다. 수업을 방해하는 행동은 다른 학생들의 학습권과 교사의 수업권을 침해하므로, 교사는 어떻게든 중재하려고 애쓰게 됩니다. 처음에는 답답함을 느끼지만, 반복되면 포기하게 되고 무력감을 느끼게 됩니다. 혼을 내거나 타일러보기도 하고, 학부모 상담을 시도해도 아이들의 모습은 쉽게 바뀌지 않습니다.

이 책에는 교사들을 곤욕스럽게 하는 학생들의 이야기가 담겨 있습니다. 선생님들이 아이들과 만나면서 겪었던 막막한 감정과 당황스러움도 솔직하게 드러납니다. 이 책의 선생님들은 함께 배를 타야 이 문제를 해결할 수 있으므 아이와의 협력을 선택합니다. 그러나 아이가 자연스럽게 자신의 발로 배에 올라타야만 항해를 계속할 수 있습니다. 그래야 풍랑을 만나도 서로 힘을 합쳐 나아갈 수 있습니다.

선생님들이 가장 먼저 생각해낸 것은 '아이의 세계'로 들어가는 것이었습니다. 아이의 입장이 되어 그 행동의 근본적인 이유를 이해하려는 노력이 필요합니다. 예를 들어, 초등학교 1학년 아이가 선생님을 때리며 소리를 지른다면, 그 행동 뒤에 숨겨진 아이의 마음과 생각을 들여다보는 것부터 시작해야 합니다. 흔히 '빙산의 일각'이라는 표현을 사용하듯, 아이들이 보이는 행동은 그들의 경험과 사회적 배경이 만들어낸 결과입니다. 이러한 경험이 아이들의 '그릇된 신념'을 형성하게 됩니다.

선생님들은 아이들의 빙산 아래 부분을 떠올리며, 아이와 '친밀한 관계'를 맺는 것부터 시작합니다. 아이들을 고치려 하기보다는 그들의 일상적인 모습에 주목하고, 아이들과의 친밀감을 쌓아가는 것이 중요합니다. 아이가 좋아하는 것에 '공동의 관심'을 갖고, 그들과 함께하며 "나도 잘하고 싶어요.", "내가 하고 싶어요."라는 마음을 이룰 수 있도록 노력합니다. 일상에서 '성공의 경험'을 쌓아가고, 친구들과 학교에 '공헌'할 수 있는 기회를 제공하여 아이 스스로 자신이 괜찮은 사람이라는 생각을 갖도록 돕습니다. 그렇게 아이들은 서서히 변화하고, 교실은 따뜻한 분위기로 가득 차게 됩니다. 미소를 주고받고, 시키지 않아도 자발적으로 참여하는 횟수가 점점 늘어납니다.

물론 여전히 가끔은 어긋난 행동으로 선생님들을 곤욕스럽게 하기도 하지만, 처음 만났을 때보다는 많이 웃고, 많이 참여하며, 많이 사과하는 모습을 보입니다. 이것이 바로 중요한 변화가 아닐까요?

아이들과 공존하며, 지금보다 더 많이 웃고 싶은 선생님들께 이 책을 권합니다.

여는 글

이 책은 평범한 선생님들의 교실 이야기입니다.

'특수'라는 단어 하나가 붙었을 뿐인데 우리는 많은 것을 '다르게' 바라봅니다. 그래서 특수교사는 때로 아이의 장애가, 그로 인한 어려움이 교사인 나의 부족함 때문은 아닐까 자책하기도 합니다. 내가 아닌 다른 선생님이었다면 더 낫지 않았을까? 다른 선생님이었다면 아이가 더 잘하지 않았을까? 생각하며 괴로워하며 아이의 어려움을 나의 능력 부족으로 느낀 적도 있습니다.

서로 존중하는 학교와 교실을 만드는 긍정훈육의 철학은 모두를 위한 교육과도 맞닿아 있었습니다. 그래서 이 책의 특수교사들도 '긍정훈육'을 실천하기 시작했습니다.

긍정훈육에서는 아이의 삶에 중요한 필수 기술들을 교실에서 익히도록 돕습니다. 왜냐하면 학교에서 일어나는 모든 일들이 교과서이면서 교재가 되기 때문이며 이것이 통합교육이 필요한 이유이기도 합니다. 긍정훈육은 이러한 삶에서의 배움을 강조합니다.

　너는 너무 소중한 존재라고, 이토록 아름답고 귀하다고, 그런 너를 사랑한다고 전하며 아이가 할 수 있는 것을 보고, 지금 필요한 것들에 집중합니다. 이렇게 존중받은 아이는 다른 사람을 존중하는 법을 배우게 됩니다. 사랑을 받은 아이는 사랑을 전하게 됩니다. 타인의 마음을 느낀 아이는 마음을 표현합니다. 아이에게 사랑을 전하고 아이가 사랑의 눈으로 세상을 보고, 밝게 빛나며, 마음을 보여주고 표현하는 모습을 발견하며 삶을 마주하게 하는 일이 바로 특수교사가 진정으로 해야 할 일이었습니다. 이런 마음으로 15명의 특수교사들이 아이들과 함께 살아가는 평범한 삶의 이야기가 바로 '모든 아이를 위한 긍정훈육'입니다. 누군가 같은 고민을 하는 사람들이 있다면, 우리도 그런 고민을 하였음을 고백하며 함께 길을 찾고 싶은 마음으로 집필하였습니다. 여기 우리 아이들이 열심히 살아내고 있으니 이 아이들을 조금 더 따뜻한 눈으로 바라봐주길 바라며 이 책을 시작하고자 합니다.

저자 일동

입문하기

학급긍정훈육(PDC)의 시작을 위한 안내

송석희 (부산 초등특수교사)

이 책을 펼친 분들은 특수교육대상 학생을 어떻게 훈육하면 좋을까에 대한 공통된 고민을 가지고 있을 것이다. 어쩌면 그 학생의 수많은 행동 중에서 '이건 문제다'고 느끼는 행동을 떠올리고, 목차에서 유사한 행동을 찾고 그에 따른 훈육 기술을 적용하려고 이 책을 집어 들었을지도 모른다.

이를 위해 긍정훈육은 '입문하기'를 읽고 학생과 행동을 대한 관점을 조율하고, 어떤 방향으로 변화시킬지를 이해하는 것이 먼저이다. 그 후 1~3부를 접해야 훈육의 흐름을 읽고 내용이 쉽게 이해되어 끝까지 읽을 수 있는 힘을 얻게 될 것이다.

훈육이라는 이름으로

우리는 흔히 "잘못된 아이를 따끔하게 꾸짖어 행동을 바로잡는다"는 의미로 훈육을 생각하는 경우가 많다. 그로 인해 훈육이라는 표현 자체에 거부감을 가지는 경우가 있다. 따라서 훈육을 시작하기 전에 그 의미를 다시 한번 되새기고 훈육의 방향을 재조정하는 것은 매우 중요하다. 훈육의 본질을 이해한다면 교사의 행동에 대한 이유가 완전히 달라질 수 있기 때문이다.

우선 훈육訓育의 '訓'은 '가르친다'에서 비롯되었다. '育'은 '기른다'에 그 뜻을 두고 있다. 여기서부터 흔히 그만하길 기다리고 멈추길 요구하던 훈육과 그 의미가 크게 달라진다. 두 글자를 통해 본 훈육이 지닌 진정한 의미는 아이에게 바른 행동을 가르치고 이를 실천할 수 있는 힘을 길러주는 과정으로 바라보아야 한다는 것이다.

그런 면에서 긍정훈육[PD 1]은 훈육 본연의 정의에 따라 친절하면서도 단호한 태도로 바른 행동을 알려 주고 그런 행동을 몸에 익혀 실천할 수 있는 힘을 기르도록 끊임없이 기회를 주고 격려하는 것을 훈육으로 보고 있다.

'그럼 도대체 어떻게 훈육하라는 거지?'하고 궁금증이 든다면 이제 그 자세한 내용을 살펴보자.

훈육 전에 봐야 할 것들

교실에서 훈육이 필요하다고 판단되는 상황은 대부분 어떤 학생의 행동으로 인해 주변 학생이나 교사가 불편해지는 경우이다. 그런 불편한 상황을 만나면 흔히 교사는 다시는 그 일이 일어나지 않길 바라고 마음에 그 행동을 짚어주고 멈추길 요구하는 반응을 보여준다. 본인이 경험했던 장면을 떠올려 보면 훈육이 필요한 상황은 구성 요인을 다음으로 정리할 수 있다.

1) 학생의 행동
2) 주변인의 불편
3) 학생 행동에 대한 주변인의 반응

이제부터 위의 세 가지 훈육이 필요한 상황 구성 요소와 훈육을 연결하며 살펴보자.

그들은 왜 그렇게 행동했을까

◆ 자존감과 소속감

긍정훈육[PD]은 사람의 행동과 심리를 살펴보는 다양한 이론 중에서 아들러의 이론에 뿌리를 두고 있다. 아들러는 사람이 자존감과 소속감이라는 기본적인 동기로 행동한다고 본다.[2] 학생들도 '나는 유능하다.', '나는 다른 사람과 좋은 관계를 맺고 있다.', '나는 다른 사람에게 도움을 주고 있다.'라는 사회적 유용함을 느끼기 위해서 행동하는 것이다. 이 행동이 자존감과 소속감을 얻기에 유용한지에 대한 판단은 행동하고 난 후 상대방 반응을 해석한 결과에 따라 달라진다. 이때 해석한 결과는 신념을 만든다.

[그림1] 행동의 빙하이론

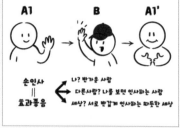

[그림2] 신념 형성

예를 들어 어느 날 나^A1는 친구를 보았을 때 손을 흔드는 행동을 했고, 나를 본 친구^B도 마주 보며 손을 흔드는 반응을 보였다고 하자. 그런 경험은 나 자신과 주변 사람들, 이 세상에 대한 긍정적 인식을 갖게 해준다.

'나^A1는 친구들의 인사를 받는 만나면 반가운 사람이고 친구^B는 나를 보면 인사해 주고 싶어 하는 다정한 사람이다. 세상은 서로 반갑게 인사하는 따뜻한 세상이다'라고 해석하고 판단하게 되면서 '사람을 볼 때 손을 흔들어 인사하는 것은 자존감과 소속감을 얻는데 유용한 행동이다'라는 신념이 생기게 된다. 이렇게 자존감과 소속감을 느끼고자 하는 동기를 가지고 자기 행동에 대한 다른 사람의 반응을 보며 스스로 신념을 만들어 나가는 과정은 나이와 장애 유무와 상관없이 누구나 갖는다. 또 이러한 과정은 자존감과 소속감과 밀접한 사회적 행동에 특히 큰 영향을 준다.

◆ 사적논리와 어긋난 목표행동

사람들은 기본 동기인 자존감과 소속감을 채우는데 자기 행동이 유용하다고 판단되고 성공한 경험이 쌓이면 그 행동에 대한 해석을 통해 신념으로 남게 된다. 눈에 보이는 행동은 행동 아래 깊이 숨어 눈에 보이지 않는 신념을 밖으로 드러낸 것이다. '자존감과 소속감' 부분의 예시처럼 자신과 타인, 세상에 관한 판단 결과 갖게 된 신념이 누구나 그렇게 생각하는 보편적인 신념일 경우 공적公的 논리에 의한 행동을 했다고 할 수 있다. 그러나 일부의 경우 자기 경험이나 학습 내용에서 남들이 보편적으로 사용하는 행동이 아니라 자신만의 해석으로 그 행동을 할 때는 당연히 그 남다른 행동이 더 효과적이라고 신념을 갖고 있다. 이러한 사고 과정에서 사적私的 논리가 생긴다.

앞서 든 예를 다시 보자면 친구들에게 손을 흔들며 인사하는 것이 친구와의 관계에서 당연한 행동이고 그 결과는 친구와 관계에 도움을 주고 내 자존감과 소속감을 이루는 데 도움이 된다고 보는 것이 사람들 대부분이 생각하는 보편적인 공적公的 논리라고 볼 수 있다.

다른 예를 보자. 나^A2는 친구들을 향해 손을 흔들며 인사를 했는데 남학생^C은 (사실은 그 학생이 손을 흔드는 행동 때문이 아니라 다른 이유로) 놀라는 듯 오던 길을 돌아서 가버렸다. 이때 나[A2]는 손 흔들며 하는 인사가 나를 보고 모른 척 돌아설 만큼, 친구와의 사회적 관계를 원만하게 만드는 데 도움이 되지 않는다고 판단했다. 그러다 나[A3]는 여학생[D]을 마주쳤고 그들에게 머리 위로 하트를 표시하며 인사를 했더니 여자친구들이 소리를 질렀다. (이 경우 여학생은 남학생의 과한 애정이 담긴 인사를 불편하게 생각하여) 나를 모른 척하지 않고 나의 행동에 격한 반응을 보이는 걸 보니 나의 존재감과 소속감을 강하게 증명한다는 생각이 들고 아주 기분이 좋았다. 이때 나[A3]는 여학생이 격한 반응을 자존감과 소속감이 채워지고 있어 도움이 된다고 해석했다. 대부분은 이런 상황을 보고 '보편적'이지 않다고 생각할 것이다. 그렇게 보편적이지 않게 해석하는 것을 그 사람만의 사적私的 논리라고 한다. 예시는 간단히 한 번으로 표현했지만, 실제 논리가 만들어지는 데는 오랜 시간이 걸리거나 강력한 경험이 필요하다.

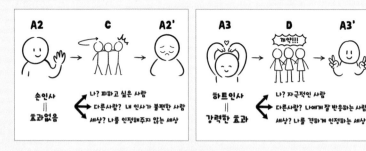

[그림 3] 사적논리의 형성

사람은 공적 논리를 알지 못하거나, 공적 논리에 따라 행동하였으나 거듭 실패했거나, 사적논리에 의한 행동이 성공하는 경험이 여러 번 쌓이면, 잘못된 결과를 보고도 자신이 원했던 것이라고 믿게 된다. 그 결과 흔히 사람들이 생각하는 보편적인 판단과는 멀어지고 자신만의 사적논리에서 선택한 행동으로 다른 사람들을 대하게 된다. 이런 과정으로 사적논리에 따라 정작 조준해야 할 목표행동이 아닌 엉뚱한 목표를 향한 행동을 어긋난 목표행동이라고 한다. 이때 아이들이 주로 겨누는 어긋난 목표행동은 과도한 관심을 끌거나, 상대방과 힘을 겨루어 이기려고 하거나, 스스로 상처받았다고 생각하고 되갚아 주거나, 결국 무기력해져 상대방도 포기하고 나를 혼자 내버려 두도록 만든다.

어긋난 목표행동으로 다른 사람과 상호작용하는 아이들은 그 방법으로 자존감과 소속감을 얻는다고 생각한다. 어긋난 목표행동이 어떤 지점을 향하고 있는지를 알아내려면 학생의 행동에 대한 교사의 감정과 반응을 먼저 살피는 것이 중요하다. [그림 3]의 사례를 가져와서 [표1]24p 어긋난 목표행동 차트를 보는 방법의 예를 들어 살펴보자.

다른 사람의 부담스러움에 대해 신경쓰지 않고 학생뿐 아니라 교사에게도 머리 위로 하트를 만드는 인사를 하는 학생이 있다고 하자.

① 차트의 2번째와 3번째 칸에서 '교사가 느낌 감정과 보인 반응' 찾기

| 교사와 부모의 감정 | "성가신" | 교사가 아이 행동을 보고 성가신 마음이 들었다. |
| 교사와 부모의 반응 | "상기시켜 준다" | '다른 사람이 불편해하는 것을 안다면 그 행동은 그만둬야 한다'라고 일러주었다. |

② 4번째 칸에서 '학생의 반응' 찾기

| 아이의 반응 | 순간적으로 행동을 멈춘다. 하지만 곧 똑같이 행동하거나 다른 방법으로 소란스럽게 행동 한다. | 이에 학생은 잠시 멈추는 듯하더니 다시 머리 위 하트로 인사를 한다. |

③ 앞서 확인한 1) 교사의 감정과 행동, 2) 학생의 반응이 속한 행 맨 앞칸에서 '아이의 목표' 확인하기

| 아이의 목표 | 지나침 관심 끌기 |

④ 5번째 칸에서 '아이의 행동 뒤에 숨어 있는 믿음'을 찾기

| 아이의 행동 뒤에 숨어 있는 믿음 | 나는 사람들의 관심을 받을 때 소속감을 느껴 |

그 학생은 '사람들의 관심을 받을 때 소속감을 느낀다'는 신념을 가진 것이다.

⑤ ①~ ④에서 살펴본 행 6번째 칸에서 '교사와 부모가 올바르게 격려해 줄 수 있는 방법' 찾기

교사와 부모가 올바르게 격려해 줄 수 있는 방법	아이가 유용한 일을 하도록 방향을 교정해 주자. "난 너를 사랑해 그러니 _해보자."

　①부터 ⑤까지의 과정을 통해 어긋난 목표행동의 목표를 확인하고 그 학생에게 적절히 격려한 후에는 보편적인 사회적 행동 중에서 골라 인사하도록 도와준다면 좋을 것이다.

　"선생님은 너에게 관심이 많지. 선생님을 학교 안에서 만날 때 가볍게 고개만 숙이면 더 좋아."

　이렇듯 어긋난 목표행동은 긍정훈육에서 훈육하는 행동이다.

[표1] 어긋난 목표행동 차트

아이의 목표	교사와 부모의 감정 (만약 교사와 부모가 이렇게 느낀다면)	교사와 부모의 반응 (만약 교사와 부모가 이렇게 반응한다면)	아이의 반응 (만약 아이의 반응이 이렇다면)
지나친 관심끌기	· 성가시다. · 짜증스럽다 · 걱정스럽다. · 죄책감을 느낀다.	· 상기시켜준다. · 아이를 타이른다. · 아이를 위해 무언가를 해준다.	· 순간적으로 행동을 멈춘다. 하지만 곧 똑같이 행동하거나 다른 방법으로 소란스럽게 행동한다.
힘의 오용	· 화난다. · 도전받는 느낌이다. · 위협을 느낀다. · 패배감을 느낀다.	· 싸운다. · 포기한다. '넌 벌 받아야 해' 또는 '본때를 보여주겠어'라고 생각한다. · 바로잡아준다.	· 더 심한 행동을 한다. · 명령에 반항한다. · 부모나 교사가 화내는 모습을 보고 승리감을 느낀다.
보복	· 상처받는다. · 실망스럽다. · 믿지 못하겠다. · 혐오스럽다.	· 보복한다. · 복수한다. · '네가 어떻게 나한테 이럴 수 있지?' 라고 생각한다.	· 보복한다. · 다른 사람들한테 상처를 준다. · 물건을 깨부순다. · 복수한다. · 같은 행동을 한층 강화하거나 다른 무기를 찾는다.
무기력	· 체념한다. · 희망이 없다. · 어쩔 수 없다. · 부적절하다고 느낀다.	· 포기한다. · 지나치게 많이 도와준다.	· 더욱더 움츠러든다. · 수동적으로 된다. · 더 나아지려 하지 않는다. · 아무런 반응을 보이지 않는다.

아이의 행동 뒤에 숨어 있는 믿음	교사와 부모가 올바로 격려해줄 수 있는 방법
· 내가 사람들의 관심을 받을 때 또는 특별한 대접을 받을 때, 나는 소속감을 느껴. · 당신이 나로 인해 분주할 때, 내가 중요한 사람이 된 것 같아.	· 아이가 유용한 일을 하도록 방향을 교정해주자. "난 너를 사랑해. 그러니…"(예: 나중에 함께 시간을 보낼 수 있을 거야.) · 특별한 시간을 계획하자. 일정표를 짜자. · 훈련의 시간을 갖자. · 가족회의 또는 학급회의를 활용하자. · 말없이 꼭 안아주자. · 비언어적 신호를 정하자.
· 내가 대장일 때 또는 내가 통제할 때, 나는 소속감을 느껴. · '맘대로 나를 어쩌지 못할 거야.'	· 당신이 강제로 어쩌지 못한다는 걸 인정하고 도움을 요청하자. · 싸우지도 말고 포기하지도 말자. · 갈등의 순간에서 한 발 물러나 냉각기를 갖자. · 부드러우면서도 단호하게 행동해주자. · 말이 아니라 행동으로 보여주자. · 당신이 무엇을 할지 결정하자. · 일정표를 따르자. · 상호존중의 태도를 개발하자. · 제한된 선택을 하게 하자. · 아이들이 합리적인 제한을 만들게 도와주자. · 계속해서 꾸준히 노력하자. · 격려해주자. · 긍정적인 힘으로 방향 전환을 시켜주자. · 가족회의 또는 학급회의를 활용하자.
· 난 어디에도 속해 있지 않아. 그러니 내가 상처받은 만큼 다른 사람들한테 상처 주겠어. · 사람들이 나를 좋아하지 않아.	· 상처받은 감정을 토닥여주자. "네 행동을 보니, 크게 상처받은 것 같구나. 무슨 일인지, 나한테 이야기해줄래?" · 처벌과 보복을 피하자. · 귀 기울여 들어주자. · 고쳐주자. · 격려해주자. · 가족회의 또는 학급회의를 활용하자.
· 난 어떻게든 어디에 속할 수가 없어. 그러니 사람들이 나한테 아무 기대도 못 하게 해야겠어. · 난 어쩔 수 없는 무능한 인간이야. 해봐야 아무 소용이 없어. 내가 제대로 할 수 있는 게 아무것도 없으니까.	· 믿음을 보이자. · 작은 것부터 하나씩 하자. · 비난하지 말자. · 그것이 제아무리 사소하다 할지라도, 아이가 긍정적인 시도를 했으면 곧바로 격려해주자. · 장점에 초점을 맞추자. · 동정하지 말자. · 포기하지 말자. · 성공의 기회를 만들자. · 기술을 가르치고, 시범을 보이자. · 아이와 즐거운 시간을 보내자. · 아이가 어떤 것에 관심을 갖는지 살펴보자. · 격려하고, 격려하고, 또 격려해주자. · 가족회의 또는 학급회의를 활용하자.

♦ 어긋나지 않았지만 불편한 행동

앞선 사례를 보면서 그 학생이 만약 교사나 주변 사람을 향해 어긋난 목표를 가진 것이 아니라면 어떻게 하지?하는 고민이 생길 수 있다. 우리가 만나는 부적절한 행동을 보이는 모든 학생이 타인을 향한 잘못된 의도를 지니고 있는 것은 아니다. 일부 학생들은 오히려 선한 의도를 가지고 있지만, 적절한 행동을 모르거나 실천하지 못해 문제가 발생하기도 한다. 나아가 아예 타인을 향한 의도라는 것이 없을 수도 있다.

그렇다면 이러한 행동에 대해 우리는 어떻게 대처해야 할까? 과연 훈육이 필요한 상황일까? 훈육을 시작하기 전에, 먼저 그 상황이 실제로 훈육이 필요한지 고민해보는 것이 중요하다. 이러한 고민 과정은 적절한 훈육을 제공하는 데 필수적인 조건이 될 것이다. 훈육보다 더 시급한 다른 대응이 필요할 수도 있다.

이러한 질문을 염두에 두고, 이제 교실에서 문제가 되는 학생 행동을 어떻게 다루어야 할지 살펴보겠다. 훈육이 필요한 행동인지 판단하기 위한 고려 사항과, 훈육이 아니라면 어떤 다른 접근이 필요한지를 함께 알아보자.

♦ 순수행동

우리는 무언가에 집중하고 있으면서도 연필을 돌리거나 다리를 떠는 경우가 있다. 또, 헛기침으로 목을 가다듬거나 코를 킁킁거리는 행동을 할 때도 있다. 이런 행동이 있다고 해서 모두 '문제다!', '고쳐야 한다'라고 말하지는 않는다. 나도 모르게 하는 것이기도 하고 때로는 견디기 힘든 불편함이 있어서 그 불편함을 털어내는 정도는 '봐줘야 한다'라고 말하기도 한다. 특히, 특수교육대상 학생 중에는 상동 행동이나 틱 행동 등 장애에서 비롯된 행동들이 나타나기도 한다. 그러한 행동들은 상대방의 관심을 끌거나 상대방에게 기선제압 또는 앙갚음하거나 상대방을 무기력하게 만들기 위해 하는 어긋난 목표행동과는 확연히 다른 점이 있다. 이처럼 타인을 향해 뻗어가는 의도가 아니라 자신을 향한 행동이거나 자신이 왜 하는지조차 모르고 이뤄지는 행동을 '순수행동'이라고 한다.

그런데 안타깝게도 이런 순수행동은 절대 상대방을 목표로 두지 않는 행동임에도 그런 행동을 하는 것만으로도 주변을 불편하게 할 수 있다. 그래서 일부 교사들은 그 행동을 어긋난 목표행동으로 단정 짓고 바꿔 나가야 할 중재의 대상으로 삼기도 한다. 그러한 대처는 중재하지 않아야 하고 중재를 통해 해결될 수 없는 행동을 억지로 중재하는 것이다. 학생은 이미 그 행동을 수없이 지적받고 고치고 싶어해도 스스로 조절할 수 없는데, 혼자 고칠 수 없어 좌절하고 괴로워하는 상처 위에 다시 "네가 잘못하고 있어"하는 질타는 의도치 않았던 반항 행동을 유발하는 역효과를 가져와 문제로 키우는 결과로 확대되기도 한다.

그러면 의도 없이 하는 순수행동이 주변 사람들에게 불편을 끼칠 때 어떻게 대처하면 좋을까. 이때는 문제에 집중하기보다 그 행동의 효과를 분석해야 한다. 학생이 의식하고 스스로 줄이려는 불편함이 있는지와 전혀 의식조차 하지 못하고 있는지도 살펴볼 필요가 있다. 학생이 인식하고 줄일 수 있는 행동이라면 좋겠지만 높은 긴장을 낮추기 위한 행동이나 심리적 불안과 과잉 에너지를 낮추기 위한 것이라면 오히려 적절히 시행할 필요가 있는 행동일 수 있다. 그런 경우라면 더욱 환경과 상황(장소와 시간, 주변 사람), 방법, 도구 등을 활용하여 행동의 효과를 유지하면서 허용될 만한 대체 행동을 찾아야 한다. 학생의 노력만으로 변화하도록 강요하기보다 학생 외의 요인을 변화시켜 학생의 행동을 고쳐야 한다는 심리적 부담이 없는 상태에서 천천히 허용될 수 있는 행동으로 변화시키거나 줄여 나가야 한다.

예를 들어 연필을 돌리며 심리적 안정을 갖는 학생이 있다고 하자. 그 학생은 교사와 주변 친구들을 괴롭히고 신경 쓰이게 하려고 연필을 돌리는 것은 아니다. 어쩌면 자신도 모르게 연필을 돌리면서 내면에 쌓인 에너지를 방출할 수 있어서 착석을 오래 할 수 있는 긍정적인 역할을 하는 것일 수도 있다. 그렇다면 손안에서 돌릴 수 있는, 눈에 크게 띄지 않는 물건을 찾아 편히 돌릴 수 있도록 배려해 주자. 이처럼 교사나 주변 사람들의 주의를 받지 않으면서 스스로 심리적 부담을 낮출 수 있는 방법을 찾아주도록 하자. 쉬는 시간에 충분히 손으로 놀 수 있는 환경을 제공해 줘서 미리 에너지를 낮춰 놓는 방법도 좋을 것 같다. 아이가 변화되어야 한다고 노심초사하기보다 오히려 신속하게 서로 마음이 편안해지는 데 도움이 되는 환경을 조성해 보자.

◆ 발달

학생은 성인이 아니다. 하지만 학생은 성인이기도 하다. 학생은 모든 것에 능숙하고 잘해야 하는 존재가 아니라는 면에서 성인은 아니라고 말할 수 있다. 그래서 배워야 하는 학생에게는 모두 충분한 안내와 연습이 필요하다. 이때 기억해야 할 것이 체구나 능력, 권력이 아니라 인격과 존엄으로서 성인과 같다고 보아야 한다는 것이다.

학교는 학생이 실수를 비난받지 않고 충분한 안내를 통해 안전한 훈육을 제공하는 곳이어야 한다. 물론 이때 말하는 훈육은 앞서 우리가 함께 살펴본 가르치고 길러주는 의미로서의 훈육이다. 그러나 교육 현장의 훈육은 때로 그 방법이 거칠고, 관계는 건조하여 학생을 오히려 더 수치스럽거나 불안하거나 분노하게 만들기도 한다. 특히 불안이 높은 학생은 그런 훈육에 더욱 얼어붙거나 회피하거나 도망치지 못해 폭발할 지경에 이르게 된다.

학생들은 배워야 잘할 수 있다. 연습해야 잘할 수 있다. 그렇다면 배우고 연습을 잘할 수 있도록 시각적으로 보여주고 청각적으로 안내하고 몸으로 충분히 느낄 수 있도록 해야 한다. 학교에서 배우는 교과 학습만이 아니라 스트레스를 받았을 때 어떻게 대처할 것인지, 주변 사람과 문제가 생겼을 때 어떻게 대처할지, 기분이 좋을 때는 어떻게 표현할지 교사가 모델이 되어서 학생에게 보여주어야 한다. 보지 못한 것을 하도록 강요해서는 안 되며 보여주지 않은 것을 하기를 기대해서는 안 된다. 교사는 앞만 보고 따라 학생을 재촉하지 말고 충분히 안내하고 한 발 한 발 보여주어야 할 것이다. 부디 학생이 배워서 알아야 할 것을 고쳐야 할 것으로 만들지 말기를 부탁한다.

◆ 감정

흔히 훈육이 이뤄져야 상황은 'A'의 행동으로 인해 'B'가 불편하게 되는 시점에 발생한다. 우리는 이때 그 불편함의 원인을 'A'에서 찾는다. 하지만 그 불편함이 생기는 것에는 다양한 원인이 있을 수 있다. 그렇다면 불편함의 원인이 그 행동을 한 'A' 때문만이 아닐 수 있다는 것을 한 번쯤 의심해 볼 만하지 않을까? 때로는 신기한 벌레를 보고 이런 경험을 함께 나누고자 교사를 찾아 헐레벌떡 뛰어온 아이에게 마음을 나누려고 한 기특함보다 갑자기 놀라게 한 잘못을 추궁하고 있지 않은지 돌아보자.

우리가 흔히 훈육할 행동이라고 생각하는 것 중 감정에 관련된 행동들이 많다. 과하게 흥분하여 감정을 조절하지 못하고 격하게 행동하거나, 불쾌한 감정에 압도되어 과하게 징징거리거나, 울며 시간을 끄는 행동도 훈육하고자 한다. 우리가 훈육이 필요하다고 결심한 그 행동이 특수교육대상 학생의 경우 자신에게 파도처럼 밀려오는 알 수 없는 감정에 빠져서 불편하고 불안해서, 허우적거리는 것일 수 있다. 거기에 교사도 자신의 불편한 감정을 처리하기 어려워 위기의 학생을 대할 때 입으로는 흥분하면 안 된다는 것을 말하면서 태도는 그 누구보다 흥분된 모습으로 알려 주었던 적은 없는지 살펴보자. 감정에 빠져 극도의 공포를 느끼고 있었을지 모를 학생에게 교사는 '괜찮아, 안전해.'를 보여주듯 진정하는 법을 알려줘야 하는 것이다. 우리가 흔히 말하는 뚜껑이 열릴 지경의 불편, 불안, 공포, 화를 조절하는 것은 성인들도 쉽지 않다. 그러나 교사는 학생이 태어날때 부터 성인들이 감정을 표현하고 조절하는 모습을 보고 거울뉴런을 통해 흉내내며 이만큼의 감정을 표현하는 수준에 이르게 된 것을 대견해하고 학생의 다음을 위해 꾸준히 좋은 감정 모델을 보여주어야 한다.

♦ 기질

사람들이 태어날때부터 결정된 기질은 모두 다르다.

활발하게 수업이 이뤄지길 바라는 교사는 조용히 앉아 있는 학생이 문제라고 생각한다. 반대로 차분하게 수업이 이뤄지길 바라는 교사는 끊임없이 질문하고 궁금하면 바로 일어서는 학생이 문제라고 생각한다. 하지만 잘 살펴보면 둘 중 어느 것도 정답일 수 없다. 기질은 모든 면에서 적당하다는 사람도 없고 내 마음에 따라 바꿀 수 있는 사람도 없다. 하지만 교사가 기질의 차이로 인한 불편함을 참지 못하고 변화시키려고 하는 순간 학생의 행동은 고쳐야 할 문제행동이 되고 그렇게 고쳐 없어져야 할 것이 있는 것을 보면서 교사는 그에 대한 불편한 감정까지도 품게된다. 오히려 기질은 환경과 매체, 자료 제시법과 절차의 변화를 통해서 그 예민함과 둔감함 사이에서 조절해 나가야 한다.

예를 들어서 특정 시간대에 유난히 우는 학생이 있다면 그 학생 내면과 외부에서 그 특정 시간대 주기적으로 주어지는 자극이 뭐가 있는지 살펴보아야 한다. 그 학생이 아침을 먹지 않아서 오전 10시만 되면 극도의 배고픔으로 불쾌감에 울 수도 있고 창가에 앉은 학생이 한낮에 가까워질수록 등과 팔로 쏟아지는 햇살이 뜨거워 울 수도 있다. 그럴 때는 아침 식사를 챙기거나 오전 간식을 줄지, 아침 시간대에도 블라인드를 쳐줄지를 결정해야 한다. 배고프거나 뜨거워도 울지 않도록 해야 하는 것이 아니다.

어떤 행동을 훈육하고 어떤 행동은 충분히 익히길 기다리며 지도하고, 어떤 행동은 그 원인과 방법을 조절할 수 있도록 하고, 또 어떤 행동은 그냥 보아 넘어가야 할지에 대해서 살펴보았다.

긍정훈육^{PD}의 시작

◆ 훈육의 네비게이션

먼 길을 떠날 때 목적지를 모르고 길을 나설 수 없듯이 훈육할 때도 내가 훈육하는 학생이 어떤 사람이 되길 원하는지를 아는 것은 매우 중요하다. 긍정훈육^{PD}에서는 그런 방향을 세우기 위해서 3List를 사용한다. 이 책을 잡으며 머릿속에 떠올렸던 그 녀석을 생각하며 아래 빈칸을 채워보길 바란다.

1) 학생의 현재 어려움: 학생이 현재 가지고 있는 어려움은 무엇인가?

2) 미래 삶의 특성, 자질 기술: 10~30년 후 어린 학생이 30대 성인이 되어 기쁜 마음으로 교사를 찾아왔다고 상상해 보자. 그때 그 학생이 갖추고 있을 특성, 자질, 기술은 무엇인가?

3) 1)이 2)가 될 수 있도록 우리가 보여주고, 경험시키고, 가르쳐야 할 것은 무엇일까?

1) 학생의 현재 어려움	2) 미래의 특성, 자실, 기술	3) 우리에게 필요한 것
소리 지르기	원만한 의사소통	공감, 질문하기

　3List를 작성하면 1) 에서 현재 출발점을, 2) 에서 목적지를 3) 에서 그 방향으로 나갈 수 있도록 가르쳐야 할 것과 지원해야 할 것을 함께 정리할 수 있다. 혹시 3) 에서 우리의 훈육이 치우침이 없는지도 살펴보아야 할 것이다.

◆ 친절하고 단호한 교사

앞서 살펴보다시피 긍정훈육은 긴 시간이 필요한 것이며 그 동안 교사의 태도도 안정적이어야 한다. 훈육의 과정 중에 교사의 태도가 과하게 친절하면 학생의 욕구만 채워주게 되고 반대로 그저 단호하기만 하면 훈육이 아니라 괴롭힘으로 치우칠 수 있다. 긍정훈육에서 친절하면서 동시에 단호한 교사의 태도를 긍정훈육^{PD}의 실천을 기본으로 보고 있다.

그렇다면 '친절하면서 동시에 단호함의 요소'를 알아보고 그 예시를 통해서 친절하고 단호한 태도가 어떤 것인지 살펴보자.

친절하고 단호함의 요소	예시
(가) 학생의 관점을 이해한다는 것을 나타내고 있는가?	지금 색종이 접기가 하고 싶구나.
(나) 어른의 필요에 대한 존중을 보이고 있는가? (다) 상황에 대한 존중을 보이고 있는가?	그리고 지금은 운동장 나갈 시간이야. 옆을 봐. 친구들이 나가려고 준비하고 있어.
(라) 학생에게 제한된 선택을 제공하고 있는가?	다시 돌아올 때까지 선생님 책상 서랍에 둘까, 네 책상 서랍에 넣어 둘래?

우선 친절하다는 것은 학생의 관점, 학생의 감정을 이해한다는 것을 보여주어 교사가 학생을 존중하고 있음을 먼저 인식시키는 것이다. 이것으로 '날 나쁜 학생으로 보고 고치려고 하는구나'라는 부정적인 느낌을 낮춰 준다. 또 훈육하는 교사와 자신과의 관계가 이해를 기반으로 하고 있어 교사가 기분이 상해서 관계를 망치더라도 학생을 고치려고 하는 것이 아니라 교사가 이

관계를 계속 유지하고 싶어하고 그러기 위해서 학생에게 이후 행동을 요청할 것임을 드러낸다. 또 학생이 불친절하고 부정적인 느낌을 주는 훈육을 마치 벌로 인식하고 3Rs[3] 반응을 보이는 것을 예방할 수 있다.

동시에 단호하다는 것은 교사와 상황을 존중한다는 것을 보여주는 것으로 지금 해야 할 것과 그것에 대한 책임감을 알려 주는 것이다. 한마디로 정리한다면 학생의 감정에는 친절하고 행동에는 단호한 것이 친절하면서도 단호한 훈육이라고 할 수 있다.

♦ 친절하고 단호한 교사의 태도를 갖는데 실패하였는가?

안타깝게도 친절하고 단호한 훈육은 하루아침에 이뤄지지 않는다. 평소 친절함이나 단호함 어느 한쪽으로 치우친 태도를 가진 교사라면 오히려 실패하는 것이 더 자연스럽다. 여기에 그 친절함과 단호함을 동시에 가질 수 있는 마법의 단어를 보여주려고 한다.

— 계속 놀고 싶다는 것을 알아. 그리고 지금은 책 읽는 시간이야.
— 밖에서 더 놀고 싶어 하는 걸 알아. 그리고 지금은 독서시간이야. 독서시간이 끝나자마자 다시 밖에 나갈 수 있어.
— 자전거를 다른 친구와 번갈아 타고 싶지 않다는 걸 알아. 그리고 자전거 탈 때 우리 약속은 무엇이었지?

이 세 문장에서 공통으로 나오면서 어색한 낱말이 하나 있을 것이다. 바로 '그리고'이다. 오히려 '그런데'나 '하지만'을 넣고 싶은 마음이 들 것이다. 그리고 우리는 '그리고'를 말해야 하는 상황이다. '그런데'나 '하지만'을 외치는 순간 학생은 '그러면 그렇지, 역시나 안된다는 말을 하려고 그냥 기분만 맞춰 줬구나' 하는 생각이 들 것이다. 우리는 여기서 '그리고'의 의미를 교사인 '나는 친절하"고" 단호한 훈육을 하고 있어'의 "고"로 생각한다면 어떨까? 또 '난 네 감정을 알고 있"고" 넌 상황에 맞는 행동을 할 수 있어'로 연결해 보면 어떨까? 도무지 '그리고'를 말할 수 없다 싶으면 마법의 단어 '그리고'는 마음속으로 외치고, '그런데'나 '하지만'도 없이 연결조사를 넣지 않고 말하는 방법도 추천한다.

'그리고'를 말하기에 실패했다고 좌절할 필요는 없다. 무엇보다 긍정훈육에서 보는 실패는 실수로부터 회복할 수 있는 '기회'이다. 실패는 좌절하고 주저앉을 자리가 아니다. 교사 자신의 회복을 격려하지 못하면서 학생의 회복될 것이라 믿을 수 없다. 자신을 격려할 수 있는 교사가 학생을 격려할 수 있음을 꼭 기억하시길 바란다.

긍정훈육의 실천

◆ 훈육의 단계

긍정훈육의 단계를 간단히 정리하면 3단계로 볼 수 있다. 이 단계가 순서대로 이뤄지지 않으면 훈육의 결과를 얻을 수 없다.

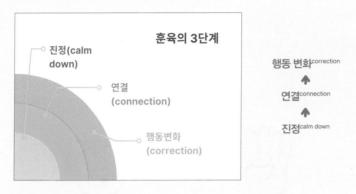

♦ 진정calm down

우선 학생의 행동에 대해 교사와 학생 모두 진정하는 단계가 필요하다. 격한 감정에서는 교사와 학생이 교감을 할 수 없다. 훈육이 필요한 상황은 우리의 마음이 편안한 상황이 아니다. 학생도 이미 감정적 동요로 힘든 상황일 수 있다. 이런 상황을 가리켜 우리는 흔한 표현으로 '열 받다', '끓어오른다.', '폭발한다.', '뚜껑이 열렸다.', '멘붕'이라는 말을 사용한다. 이미 감정적 격분으로 인하여 감정을 다루는 중뇌가 흥분한 상황이고 온 에너지가 그곳에 집중되어 전두엽에서 이성적인 판단을 할 수 없는 것이다. 분노이든, 불안이든 우리는 흥분된 감정을 낮춰야만 훈육할 수 있다. 그리고 이때의 뇌에서 어떤 일이 일어나는 지를 설명할 때 손바닥에 비유해서 설명(그림8 참고)하고 있다. 엄지를 말아 쥔 손(B)은 평소 진정된 뇌의 모습으로 엄지는 감정을 관할하는 중뇌가 이성적으로 판단하는 전두엽과 잘 연결되어 감정을 조절하고 상황에 맞는 판단을 할 수 있는 모습이다. 하지만 감정적으로 흥분하게 되면 엄지를 제외한 네 손가락이 펴진 모습(A)처럼 전두엽에서 주는 이성적 명령이 중뇌로 연결되지 못하고 흥분이 지속된다.

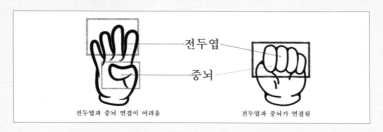

[그림8] 흥분한 뇌의 상태 비유(A)와 진정된 뇌의 상태 비유(B)

[그림9] 화가 난 상태가 진정되는 과정

[그림10] 불안한 상태가 진정되는 과정

흥분한 뇌가 되면 주변 사람들의 말의 내용이 들리지 않고 진정하는데 시간이 걸린다. 이때 학생을 상대하는 교사가 학생과 마주 보고 흥분한다면 학생은 그 에너지만큼 더 감정이 증폭된다. 교사는 학생 앞에서 자신이 흥분했음을 알아차리고 그 에너지를 잘 처리해서 진정하는 과정을 보여줘서 학생도 그 과정을 따라할 수 있도록 해야 한다.

평소 진정하는 방법을 연습하고 진정된 상태에 대한 경험을 쌓고 진정된 자신의 감정을 느끼고 회상해 낼 수 있도록 지속해서 지도하여야 학생이 흥분된 선택의 상황에서도 진정할 수 있다. 이때, 학생이 스스로 그 방법을 떠올리기 쉽도록 미리 '선택 돌림판'을 만드는 것을 추천한다. 평소 돌림판을 돌려보면서 그에 따라 다양한 진정 방법들을 연습하면 예전 경험을 떠올려 더 빠르게 진정된 감정을 가질 수 있게 된다.

진정을 돕는 다른 방법으로 그림책을 활용할 수 있다. 그림책 속 주인공이 진정하는 과정을 간접 체험하면 진정된 모습을 시각화하기 힘든 학생도 잘 회상할 수 있다. 이때 이런 활동을 평소 충분히 하지 않고 흥분할 때 돌림판을 내밀고 진정하라고 하면 학생은 강요로 느끼고 불쾌해져 더 흥분할 수 있다.

[예시] 진정을 위한 선택 돌림판]

◆ **연결**connection

다른 사람의 감정을 상하게 하거나 관계를 해치는 행동을 한 후에는 그 관계를 회복하기 위한 과정이 필요하다. 앞서 긍정훈육[PD]에서는 학생이 단절된 관계 속에서 계속 고통받도록 방치하는 것은 벌을 주는 것과 마찬가지이다. 이때 학생에게 알려 줄 회복의 방법은 회복하기 3단계-인·사·해[3R's 4] 방법이다.

[그림14] 회복하기 3단계-인·사·해

① 인정하기

상대방의 감정을 수용하고 자신의 실수를 인정한다.

② 사과하기

사과할 때 변명은 필요 없다.

③ 해결하기

실수로 인해 생긴 문제를 해결하거나 앞으로 실수하지 않기 위한 방법을 찾는다.

인·사·해 3단계를 처음부터 능숙하게 하는 어렵다. 그 어려움의 원인 중 가장 큰 것은 실수를 인정하고 사과하며 해결하기 위해서 애쓰는 모델을 보지 못했다는 것이다. 대부분 교사들 또한 사과하는 어른을 만나지 못했었다. 그래서 지금 인·사·해 3단계 활동이 더욱 어려울 수 있다. 우리 학생들에게 가장 잘 인·사·해 3단계를 실천하도록 하는 방법은 많이 경험하도록 하는 것이다. 학생에게만 끊임없이 사과하도록 연습시키는 것이 아니라 인·사·해 3단계를 받았을 때 상대방이 감정이 풀리고 다시 연결하고 싶은 마음이 생기는 경험을 우리 학생들이 직접 느낄 수 있도록 해줘야 한다.

행동 변화 correction

♦ 훈육의 도구 Tool5)

학생들의 행동 변화를 위해서 다음과 같은 훈육의 도구를 사용할 수 있다. 아래의 내용을 모두 설명하자면 책 한 권이 필요하므로 각 활동을 이후 쓰여질 사례에서 찾아보자. 그리고 긍정훈육법에 관한 책을 살펴보도록 하자.

♦ **혼자서 해결하기 어려울 때 교사 문제 해결 14단계**[6)]

– 지시보다는 질문하기	– 긍정적 타임 아웃 이용하기
– 칭찬보다는 격려하기	– 관심 돌리고 할 수 있는 것 안내하기
– 낙담보다는 힘을 주는 말 하기	– 루틴 제공하기
– 말과 표정 일치하기	– 연습할 시간 갖기
– 결과가 아닌 과정 격려하기	– 제한된 선택 제공하기
– 호기심 질문하기	– 협력자로서 역할 제공하기
– 적극적/반응적 경청하기	– 게임처럼 만들기
– 학생과 함께하기	– 특별한 시간 만들기
– 훈육을 위한 말 줄이기	– 친밀한 스킨십 가지기(허용된 범위에서)
– 시각적 자료 제공하기	– 학급회의하기

학생의 문제를 혼자서 해결하기 어려울 때는 다른 사람들과의 협력이 필요하다. 이때 활용할 수 있는 방법으로 문제 해결 14단계가 마련되어 있다. 문제 해결 14단계는 교사뿐만 아니라 학부모들 사이에서도 적용할 수 있는 방법이다. 교사의 문제 해결 14단계를 시작할 때는 원을 만들어 둘러앉고 서로 눈높이를 맞추며 활동하는 것이 중요하다. 이때 제시되는 더 나은 해결책을 얻기 위해서는 문제가 왜 발생했는지에 집중하기보다는 문제 해결에 주안점을 두고 활동해야 한다. 제안된 해결책에 대해서는 비판 없이 모두 칠판에 기록하고, 서로 가르치기보다는 질문을 통해 서로 존중하며 해결책을 찾아갈 수 있도록 하는 긍정적 훈육의 기술이 교사들 간에도 적용되어야 한다.

① "자신이 겪었던 문제에 대해 역할극과 브레인스토밍의 방법을 활용하여 문제를 함께 해결해 보려 합니다. 문제를 해결해 보고 싶은 분 계신가요?"라고, 물어본다.

② 전지에 교사의 이름, 학생의 나이, 학급에 학생 수, 개인정보 보호를 위해 아이의 가명과 진짜 나이를 쓴다.

③ 문제 상황을 신문의 헤드라인이나 해시태그 형식으로 한 문장으로 쓴다.

④ 문제가 일어난 최근 상황에 대해 동료들이 이해할 수 있을 정도로 영화 대본처럼 충분히 자세히 쓴다. (그때 뭐라고 했나요? 어떻게 했나요? 아이는 뭐라고 했나요? 어떻게 행동했나요? 그리고 어떤 일이 일어났나요? 등)

⑤ 지원자에게 "그때 어떤 생각이나 감정이 들었나요?"라고 물어본다. 동료들에게 이런 감정이 들었던 적이 있었는지 물어본다.

⑥ 교사의 감정을 참고하여, 아이의 행동 아래 신념을 추측한다.

⑦ 선택한 감정의 어긋난 목표행동 차트 3, 4째 줄을 지원자에게 읽어보라고 한다. 그리고 지원자에게 다음 단계로 넘어갈지 물어본다. 만약 지원자가 어긋난 목표 차트를 보고 문제해결을 멈추고 싶다고 하면 이 단계에서 진행을 멈춘다.

⑧ 역할극을 준비한다. 아이의 역할을 할 사람과 필요한 다른 역할들을 할 사람들에 대해 지원받는다. 역할극은 1분을 넘어가지 않는다.

⑨ 역할극을 한 사람들에게 그 역할을 하면서 한 생각, 감정, 결심을 물어본다.

⑩ 토론이나 분석하지 않고 해결책을 브레인스토밍한다. 어긋난 목표행동 차트 가장 마지막 칸을 참고한다. 모든 해결책을 전지에 적고 지원자는 듣기만 한다.

⑪ 지원자에게 시도하고 싶은 하나의 해결책을 선택하라고 한다. (또는 두 개의 연관된 해결책을 선택할 수도 있다.)

⑫ 선택한 해결책으로 두 번째 역할극을 준비한다. 지원자에게 어떤 역할을 하고 싶은지 먼저 물어본다. 역할극 후 생각, 감정, 결심을 다시 나눈다. 참가자들에게는 관찰하면

서 발견한 것들을 물어본다.

⑬ 지원자에게 일주일 동안 실천하고 실천 소감을 나누어 달라고 부탁한다.

⑭ 지원자에게 고마움을 표현하고 이 활동을 통해 배운 점을 서로 나눈다.

♦ 훈육 실패로 힘들 때

교사라고 항상 성공할 수는 없다. 처음부터 능숙할 수도 없다. 교사는 학생과 함께 성장하며 만들어지는 존재이다. 그렇다면 교사 또한 학생처럼 배우는 과정에 있다. 이는 교사뿐만 아니라 부모도 마찬가지일 것이다. 하지만 상당수의 교사는 학생에게는 친절하면서도 자신에게는 지나치게 엄격한 경우가 있다.

학생에게 실수로 인해 좌절하지 말고 다시 힘을 내라고 말한다면, 교사 자신에게도 그렇게 말해 주어야 한다.

자신을 위한 3List를 작성하고, 친절하면서도 단호하게 꾸준히 자신을 훈육하라. 가장 많은 훈육의 경험은 자기 훈육을 통해 얻을 수 있다. 그렇게 된다면 긍정훈육을 하려고 큰 노력을 기울이지 않아도, 긍정훈육이 저절로 표현되고 있는 자신을 발견하게 될 것이다.

PDC로
바라보는
행동

이 글은 유아부터 중등까지, 각기 다른 발달 단계의 특수교육대상 아이들의 어려움을 PDC로 해결해 나간 이야기를 담고 있습니다. 학교급에 따라 아이들의 모습과 환경, 생활은 다르지만, 모두 연결되고 싶어 한다는 공통점을 가지고 있습니다. 아이들은 저마다의 방식으로 세상과 소통하며 관계를 맺고자 노력하지만, 때로는 의도와 달리 관계와 방법이 어긋나 어려움을 겪기도 합니다.

아이와 마주하며 경험한 어긋난 행동을 어른의 관점에서 판단하기보다는 아이의 세계로 들어가 숨겨진 마음을 이해하고자 했습니다. PDC를 통해 아이 스스로와 교사, 그리고 아이와 환경을 연결하는 긴 시간이 흘렀고, 그 속에서 아이와 교사 모두 한 걸음 성장하게 되었습니다.

이 글은 자존감을 높이고 다른 사람들과의 연결을 갈망하는 유초중등 특수교육대상 아이들의 이야기입니다. 아이들이 각자의 개성과 환경 속에서 자라며, PDC를 통해 어긋난 표현과 행동 대신 건강한 자존감과 소속감을 갖고, 서로의 다름을 존중하며 함께하는 과정을 담았습니다.

또한, 이 글은 PDC를 통해 성장한 교사의 이야기이기도 합니다. PDC를 배우고 실천하면서 아이들의 행동 뒤에 숨겨진 원인을 파악하고, 긍정적인 대화와 격려로 아이와 신뢰를 쌓으며 함께 성장하는 과정을 나눕니다.

아이를 위한 여정이었지만, 아이와 교사 모두 성장한 이야기입니다. PDC를 특수교육대상자에게 개별적으로 접근한 유초중등 특수학급의 실천 사례로 각기 다른 상황에서 다양한 어려움이 있는 아이들에게 어떻게 수정하고 적용할 수 있는지를 발견하시기를 바랍니다.

나는 힘과 관심을 원해요

아이와 마주하다

내가 근무하고 있던 초등학교에 작고 귀여운 여자아이, 사랑이가 입학했다. 통합학급 적응 기간이 끝나고 우리 교실(특수학급)에도 오기 시작했는데, 며칠 지나지 않아 예상치 못한 장면을 마주하게 되었다. 우리 반 아이들은 평소 실내화를 문 앞에 벗어두고 교실로 들어왔는데, 어느 날 사랑이는 실내화뿐만 아니라 양말도 벗어 던지며 들어왔다.

"사랑아, 양말 신고 있자. 발바닥이 차가울 것 같아."

"싫어!"

사랑이는 온 힘을 다해서 소리를 지르며 바닥에 드러누워 발을 굴렀다. 교실에서 양말을 벗고 있을 수도 있다고 생각했지만, 지금, 이 상황에서 사랑이의 행동을 수용할 수는 없겠다는 생각

이 들었다. 그래서 검지를 입술에 갖다 대고 '쉿'하는 제스처를
보여주었다.

"진정되면 선생님이랑 이야기하자. 기다릴게."

다행히 사랑이가 혼자 수업받는 시간이었기에 시간적 여유가
있었다. 사랑이는 계속 소리를 질렀고, 힘이 빠지면 울다가 다시
소리를 질렀다. 악을 쓰며 땀을 뻘뻘 흘리던 사랑이는 30분이 지
난 후에야 조용해졌다.

"선생님 진정됐어요."

"양말을 벗고 싶었구나. 선생님이 양말을 신으라고 해서 사랑
이가 화가 났을 것 같아."

"네"

"원하는 것이 있을 때 소리를 지르는 건 좋은 행동이 아니야.
대신 말로 해 줘. 선생님 따라 해볼래? 선생님, 교실에서 양말을
벗고 싶어요."

"양말을 벗고 싶어요."

"알겠어, 이야기해 줘서 고마워. 그런데 양말을 바닥에 두면
다른 사람들이 밟을 수도 있어. 양말을 벗은 후에 어디에 두면 좋
을까?"

"몰라요."

"어디에 넣을지 찾아볼래? 교실을 둘러봐도 좋아."

사랑이는 교실을 돌아다니다가 손잡이가 달린 플라스틱 통을

찾았다.

"찾아줘서 고마워. 여기에 양말을 넣으면 좋겠다. 이 통에 이름을 지어주자. 어떤 이름으로 부르고 싶어?"

"예쁜이요."

사랑이는 마음에 드는 양말 그림을 골라서 색칠하고, 내 도움을 받아 '예쁜이'라고 써서 플라스틱 통에 붙였다. 그리고 벗어 둔 양말을 스스로 통 안에 넣었다.

"이 양말을 언제 다시 신으면 좋을까?"

"1학년 교실 갈 때요."

우리는 이렇게 함께 이야기를 나누며 '양말 약속'을 정했고, 이날 이후로 사랑이는 교실에 오자마자 양말을 벗어 '예쁜이' 통에 넣었다. 사랑이는 이 일과를 즐거워했고, 신기하게도 교실에 돌아갈 때는 양말을 스스로 신는 모습을 보여주었다.

아이의 세계로 들어가다

사랑이는 왜 바닥에 드러누워 소리를 질렀을까? 모든 아이들은 소속되고 싶어하고, 중요한 존재가 되고 싶어한다. 이는 특수 교육을 필요로 하는 아이들도 마찬가지이다. 사랑이의 행동 뒤에는 소속감을 느끼기 위해 가지게 된 어긋난 신념, 암호화된 메시지가 숨겨져 있었다.

"양말 신자."라는 말을 들었을 때 사랑이는 '누구도 나를 어쩔 수 없어! 내 마음대로 할 때 나는 소속감을 느껴.'라는 무의식적인 신념을 가지고, 자신이 얼마나 큰 힘을 가졌는지 보여주고 싶었을 것이다. 이때 사랑이가 목표로 하고 있던 행동은 '힘의 오용'이었다.

사랑이가 부정적으로 힘을 쓸 때, 화가 나서 힘겨루기를 하고 싶었다. 하지만 그 순간, 마음을 가다듬고 사랑이가 나에게 보내고 있는 숨겨진 메시지를 읽었다. 사랑이는 나에게 '선택권을 주세요.'라는 메시지를 보내고 있었다.

PDC로 연결하다

이 일화에서 사랑이에게 긍정적인 사회적 기술을 가르쳐 주기 위해 활용한 긍정훈육 방법들을 소개하고자 한다.

◆ 진정될 때까지 기다리기

사랑이가 흥분했을 때 "진정되면 선생님이랑 이야기하자."라고 말하고 스스로 감정을 조절할 수 있는 시간을 주었다. 화가 났을 때는 이성적인 사고를 하기 어렵다. 충돌을 피하고 문제해결에 집중하기 위해서는, 아이의 감정이 누그러질 때까지 기다려주는 것이 도움이 된다.

아이가 위험한 행동을 하지 않고, 혼자만의 시간을 원한다면, "마음이 진정되면 선생님 불러줘. 그때 다시 이야기하자."라고 말하고 잠시 자리를 떠나 있을 수 있다. 위험하거나 아이가 원하는 경우, 옆에서 같이 견뎌주는 것 또한 도움이 된다. 이때 다른 아이들 수업을 진행해야 한다면, 특수교육 지원 인력에게 함께 있어 주기를 부탁할 수도 있다.

진정하는 시간 동안 아이는 더 격한 행동을 보일 수 있고, 시간이 길어질수록 교사와 아이 모두 지칠 수 있다. 그렇지만 힘든 시간이 끝나고 감정이 차분해졌을 때, 아이는 교사의 말을 귀로 듣기 시작한다. 이때 교사는 가르치고 싶은 사회적 기술들을 좀 더 효과적으로 훈육할 수 있다.

사랑이는 이날 이후로도 마음대로 되지 않을 때 드러눕고 소리를 지르는 행동을 반복했다. 그때마다 감정이 가라앉을 때까지 기다려주었고, 사랑이가 진정된 후 훈육을 시도했다. 시간이 갈수록 사랑이가 감정을 조절하는 데 걸리는 시간이 점점 줄어

들었다.

♦ 아이와 협력하기

사랑이가 이야기를 나눌 준비가 되었을 때 "선생님이 양말 신으라고 해서 사랑이가 화가 났을 것 같아."라고 말하며 감정을 공감해 주고, 행동이 어떻게 바뀌기를 바라는지 말해주었다. 감정을 읽어주었을 때 아이는 교사와 마음이 연결될 수 있고, 더 잘 협력할 수 있다.

사랑이의 마음이 열린 후에는, 여러 가지 선택권을 주며 협력을 유도하였다. 만약 양말을 넣을 통을 골라주고 양말을 넣으라고 지시했다면, 반항하거나 거부했을 수도 있을 것이다. 협력으로 문제를 해결하는 경험을 했을 때, 아이는 존중하며 상호작용하는 방법을 배울 수 있다.

아이와 마주하다

사랑이와 함께하는 시간은 순탄하지 않았는데 보통 수업 시간에 많은 어려움이 있었다. 사랑이는 과제를 주면 거부하거나, 종이를 손으로 찢었다.

"싫어! 싫은데!"

또 책상 위에 있는 물건을 밀어서 밑으로 떨어트리기를 반복했다. 특히 연필과 같이 소리가 나는 물건을 일부러 더 떨어트렸다. 그리고 내가 다른 아이들을 바라보고 있을 때는, 나를 자극하는 말을 해서 자기 쪽으로 고개를 돌리도록 만들었다.

"선생님 바보 똥개!"

과제를 시작했더라도 지루해지면 교실 앞으로 달려 나가 불을 껐다가 켜기를 반복하기도 했다. 사랑이는 하기 싫은 일을 해야 하거나 관심을 받고 싶을 때마다 이러한 행동들을 했다. 나를 짜증 나게 만들고 싶은 것 같았다.

아이의 세계로 들어가다

사랑이는 마음대로 행동할 때 소속감을 느꼈기에 과제를 제시했을 때, "싫어, 싫은데"라는 말로 자신이 힘을 가지고 있음을 보여주었다.

그리고 이 외에도 '사람들의 관심을 받을 때 나는 소속감을 느껴.', '어른들이 나로 인해 분주할 때 중요한 사람이 된 것 같아.'라는 어긋난 신념들을 가지고 있었다. 이때 사랑이가 목표로 한 행동은 지나친 관심 끌기였다. "바보"와 같은 말을 하거나 불을 끄고 켜는 행동 등을 해서 나의 관심을 얻으려고 했다.

행동 뒤에 숨겨진 메시지는 '나를 봐주세요. 나도 함께하고 싶어요.'였다. 아이가 "선생님, 나를 봐주세요."라고 말한다면 기꺼이 웃으며 아이를 바라봐 줄 수 있을 것이다. 하지만 낙담한 아이들은 종종 다른 사람들이 짜증이 나게 만들면서 관심을 얻는 방법을 택하기도 한다. 사랑이에게는 사랑이 필요했다.

PDC로 연결하다

어긋난 목표행동을 통해 소속감, 자신이 중요하다는 느낌을 얻는 사랑이에게 활용한 긍정훈육 방법들을 소개하고자 한다.

♦ 친밀한 관계 형성하기

긍정훈육에는 '교정 전 교감'이라는 말이 있다. 아이와 교사의 마음이 연결되고 서로 신뢰할 수 있는 관계가 되었을 때 아이는 더 잘 변화할 수 있다는 것이다.

사랑이와 긍정적인 관계를 만들기 위해서 우선, 사랑이가 교실에 들어오면 아주 반갑게 웃으며 맞이해 주었다.

"안녕, 어서 와. 선생님은 네가 와서 정말 기뻐."

그리고 시간이 날 때마다 사랑이를 바라보며 애정이 담긴 말을 해주었다.

"비밀인데, 선생님은 사랑이를 좋아해."

"오늘도 함께 할 수 있어서 즐거워. 고마워."

내가 다른 아이들에게 집중되어 있을 때 사랑이가 관심을 끄는 행동을 하면 다독여 주었다.

"선생님은 너희들 모두에게 관심이 있어. 사랑이도 항상 생각하고 있으니까 걱정하지 마."

또 쉬는 시간에 사랑이가 좋아하는 놀이인 '숨바꼭질'을 학급 아이들과 함께했고, 일주일에 1번 이상 1:1로 만날 수 있도록 시간표를 변경하여 사랑이에게 집중해 주는 시간을 가졌다.

함께하는 시간이 지날수록 사랑이와 나의 관계는 점점 가까워졌고 마음이 연결되었다는 느낌이 들었다. 그리고 사랑이는 내 말에 좀 더 귀 기울이기 시작했다.

♦ 친절하고 단호하게 아이 만나기

사랑이가 부정적인 행동을 보일 때 친절하고 동시에 단호하기 위해서 노력했다. 친절하다는 것은 아이를 존중한다는 것이고, 단호하다는 것은 사회적 상황과 교사 자신을 존중하는 것을 의미한다.

사랑이가 수업 시간에 책을 바닥으로 던졌을 때도 사랑이의 감정을 읽어주되, 해야 할 일은 단호하게 알려주었다.

"안 할 거야! (쾅!)"

"많이 화가 나 보이네. 공부하는 게 힘들다는 거 알아. 지금은 수업 시간이야. 책을 다시 책상에 올려줘. 기다릴게."

사랑이가 책을 책상에 올릴 때까지 기다리면서 다른 아이들을 지도했다. 정해진 학습량을 마친 후에 쉬는 시간을 가졌기 때문에, 사랑이도 시간을 길게 끌 수 없었다. 스스로 책을 주워서 공부할 준비가 되었을 때 "고마워"라는 격려와 함께 다시 사랑이 수업을 시작했다.

수업 시간에 일부러 방해하는 다른 행동들을 했을 때도 친절하고 단호한 말과 행동으로 일관되게 훈육하였다. 그러자 사랑이의 어긋난 행동들은 조금씩 줄어들기 시작했다.

◆ 제한된 선택지 제공하기

아이들은 지시했을 때보다 선택권을 주었을 때 더 잘 받아들인다. 특히 어긋난 신념을 가진 아이들은 다른 사람이 하라고 시킨 것에는 거부감을 가질 때가 많지만, 자신이 선택한 것에는 좀 더 적극적인 모습을 보인다.

과제를 제시했을 때 "싫어"라는 말이 줄어들고, 활동에 더 잘 참여할 수 있게 하도록 사랑이에게 제한된 선택지를 제공했다.

"오늘은 빨간 연필 사용할래? 아니면 파란 연필 사용할래?"

"그림을 그려볼래? 아니면 도장을 찍어서 꾸며볼래? 네가 정할 수 있어."

교사와 아이 모두를 존중하는 선택지를 매일 사랑이에게 제시했다. 너무 많은 선택지가 주어지면 아이들은 혼란스러울 수 있으므로, 2가지 또는 3가지 중에서 고르라고 했다. 어떤 날에는 사랑이가 선택지 중에서 골랐지만, 어떤 날에는 다 싫다고 하기도 했다. 그럴 때는 사랑이에게 의견을 물어보았고, 받아들여질 수 있는 제안이라면 그 의견에 따라주었다.

"다 싫어요! 안 할래요."

"그럼 그리기나 도장 찍기 말고, 혹시 더 좋은 생각이 있어?"

"스티커를 붙일래요."

"좋은 생각이네. 오늘은 스티커로 카드를 꾸며보자."

다른 의견 없이 무작정 싫다고 하거나, 받아들일 수 없는 제안을 할 때는 선택지 중에서 결정해야 함을 알려주고 결정할 때까지 불편한 시간을 견뎌냈다.

"생각 안 나요. 그냥 아무것도 안 할래요."

"그건 곤란해. 그럼 이 둘 중에서 정해보자."

이 과정에서 나의 인내가 필요했다. 친절하고 단호한 태도로 사랑이가 실천에 옮길 때까지 기다려주었을 때, 사랑이는 필요한 사회적 기술들(책임감, 인내 등)을 더 배울 수 있었다.

아이와 마주하다

사랑이가 또 보였던 행동 중 하나는 과제를 하다가 틀리거나 마음대로 되지 않으면 소리를 지르며 바닥에 앉거나, 연필로 종이를 죽 그어서 찢어버리는 행동이었다. 그럴 때 사랑이에게 다가가면 눈을 세모처럼 뜨며 나를 보았다.

"선생님 싫어! 미워! 저리 가!"

틀린 것이 있어서 내가 고쳐주려고 하거나, 지우개로 지워주려고 했을 때도 거부하며 자기 것을 만지지 말라고 소리쳤다. 만들기나 다른 움직이는 활동을 할 때도 마찬가지였다. 그리고 자신이 하고 있던 과제를 다른 친구들이 보려고 할 때 화를 내며 소리치기도 했다.

아이의 세계로 들어가다

나는 이 상황에서 사랑이의 마음이 어땠을지, 그리고 무슨 생각을 하고 있었을지 고민해 보았다. 사랑이는 지적장애가 있고, 또래에 비해 여러 방면에서 발달 속도가 느렸다. 그래서 다른 친구들보다 잘하지 못하는 부분이 많았고, 그런 자신에 대해 답답함과 부끄러움을 느꼈던 것 같다. 사랑이가 화를 냈던 것은, 잘하고 싶은 마음이 드러난 표현 같았다.

사랑이가 잘하고 싶은 마음이 있음에도 불구하고, 차근차근 과제에 임하지 못하는 이유 중 하나는 기질의 영향이라는 생각이 들었다. 사랑이는 활동성이 높고, 집중력과 지속성이 낮았다. 그리고 특히 반응 강도가 높아 감정이 쉽게 폭발하는 경향이 있었다.

PDC로 연결하다

사랑이가 감정을 조절할 수 있도록 돕기 위해 활용했던 긍정 훈육 방법들을 소개하고자 한다.

♦ 감정을 인식하고 표현할 수 있도록 돕기

감정조절을 도와주기 위해서, 우선 감정을 인식하고 표현하는 것부터 시작해야겠다고 생각했다. 사랑이가 교실에 들어오면 오늘 느끼는 감정을 물어보았다.

"오늘 기분이 어때?"

"좋아요."

나는 사랑이가 조금 더 다양한 감정을 인식하고 표현할 수 있었으면 했다. 그래서 평소에 사랑이 앞에서 나의 감정을 많이 표현했고, 다양한 상황들 속에서 사랑이의 감정을 읽어주기 위해 노력했다.

"오늘 급식이 너무 맛있을 것 같아서 기대돼."

"오늘 비가 많이 오네. 운동장에 못 나가서 선생님은 조금 슬퍼."

"친구가 같이 안 놀아줘서 사랑이가 많이 서운하겠다."

"사랑이 지금 많이 신나 보이네."

사랑이는 비교적 '말하기', '따라 하기'에 강점을 가진 아이였다. 어느 순간부터 상황에 맞게 자신의 감정을 인식했고, 내가 반복해서 말했던 감정 단어를 입에서 내기 시작했다.

♦ 선택 돌림판을 활용하여 감정 조절하기

사랑이에게 가장 효과적이었던 방법을 소개해 보려고 한다. 사랑이에게 감정을 조절하는 다양한 방법들을 알려주고 싶었다. 그래서 사랑이와 1학년 아이 1명이 함께하는 수업에서 『소피아의 화를 푸는 방법』 그림책을 읽어주었다. 이 그림책은 소피아가 '화를 푸는 방법들'이 담긴 선택 돌림판을 만들어서 감정을 조절하는 내용이다.

"화가 났을 때 무엇을 하면 화가 풀릴까? 교실을 돌아다니면서 찾아보자!"

아이들은 '짐볼 타기, 밸런스 보드에서 중심 잡기, 클레이 만지기, 빈백에 앉기, 트램펄린 뛰기, 헤드폰 쓰고 노래 듣기' 방법들을 찾아냈다. 일부는 내가 슬쩍 제안하기도 했지만, 대부분은 아이들이 직접 찾아낸 것이었다.

제안한 방법들(예: 짐볼 타기)을 실행하는 모습을 사진으로 찍어 인쇄한 후, 아이들에게 나누어주었다. 아이들은 사진을 잘라서, 6조각으로 나누어진 원 위에 하나씩 붙였다. 그리고 '사랑이와 행복이의 화를 푸는 방법'이라는 제목을 붙여 주었다. 그 후 아이들이 화가 난 것처럼 연기하며, 6가지 방법 중 하나를 선택해 시도해 보는 연습도 함께 해보았다.

　다음 날부터 이 선택 돌림판을 우리 교실에서 적용하기 시작
했다. 사랑이는 수업하다가 화가 나면 선택 돌림판을 바라보고
한 가지 방법을 선택했다.

　"화가 나서 뛰어야겠어요."

　사랑이는 트램펄린을 5~10번 정도 뛰고 난 후 활짝 웃으며 나
를 바라보았다.

　"아, 이제 기분 좋아졌어요."

　사랑이는 보통 트램펄린을 뛰거나 짐볼에 앉아서 통통 뛰는
것을 선택했다. 그리고 기분이 좋아지면 다시 자기 자리로 돌아
왔다. 이러한 과정이 하루에 몇 번 반복되었는데 다행히도 수업
진행에 방해가 되지는 않았다. 이 활동을 통해 사랑이는 자신의
감정을 인식하고, 다양한 방법으로 화를 풀며 감정을 조절하는
능력을 키울 수 있었다.

제1부 PDC로 바라보는 행동　　　　　　　　　　　　　　**65**

♦ **격려하기**

사랑이는 잘하고 싶어 했다. 그리고 또래 친구들보다 잘하지 못하는 것이 많아서 자존감이 많이 떨어진 것 같았다. 이때 사랑이에 필요한 것은 격려라고 생각했다. 그래서 수업 시간에 사랑이가 힘들어하면 격려의 말을 건네주었다.

"많이 어렵지? 그래도 스스로 해내려고 노력하고 있구나."

"실수해도 괜찮아. 다시 하면 돼."

다른 친구들은 빨리 끝내고 쉬고 있는데 사랑이만 아직 과제를 하고 있을 때는 이렇게 말해주었다.

"빨리하는 것보다 끝까지 천천히, 열심히 하는 게 중요해. 느려도 괜찮아."

또 사랑이가 작은 성공이라도 하면 아주 기쁜 표정으로 축하해 주고 발전된 부분에 집중해 주었고, 사소한 일에도 "고마워"라고 말하며 사랑이에게 매일 고마움을 표현했다.

어느 순간부터 사랑이는 이러한 격려의 말을 자신에게 하기 시작했다.

"선생님! 실수해도 괜찮아요."

"일등도 웃고, 꼴찌도 웃어요!"

사랑이는 점점 더 어려운 과제를 도전하기도 했고, 친구들보다 늦게 할 일을 끝내고도 웃는 모습을 보여주었다.

신규 연수에서 PDC(학급긍정훈육법: Positive Discipline in the Classroom)를 만난 후, 7년이 지난 지금까지 이를 공부하고 실천하고 있다. 특수학급에서 PDC를 실천하는 일은 쉽지 않았지만, 아이들이 점점 긍정적으로 변화하는 과정에서 나 또한 특수교사로서 보람을 느끼며 성장할 수 있었다.

PDC로의 여정은 단순히 아이들을 훈육하는 것을 넘어서, 나 자신도 함께 성장하는 과정이라고 생각한다. 앞으로도 PDC 교사로서 아이들과 함께하는 길을 계속 걸어가고 싶다.

2

나에게 선택권을 주세요

아이와 마주하다

"왜요?"

"싫은데요?"

"선생님이 뭔데요?"

중학교 1학년인 은하(가명)가 가장 자주 하는 말이다. 이러한 말은 기본이고, 교사의 말꼬리를 물고 늘어지는 것도 수준급이다. 무슨 말을 해도 은하의 페이스에 말려들곤 했다. 은하는 자신의 힘을 보여주는 데 주저함이 없었다. 지시를 따르지 않는 은하와 매번 대치했다. 끝까지 은하를 붙잡고 늘어져 진심이 하나도 담기지 않은 "죄송합니다. 잘못했습니다."라는 말을 듣고서야 내가 이겼다고 착각하며 상황을 마무리하곤 했다.

은하와 대화를 하다 보면 우리가 무엇 때문에 대화를 시작했는지에 대한 목적은 사라지고, 서로의 말꼬리만 물고 늘어지는 상황, 서로의 감정만 긁어대는 상황만 남았다. 이 대화를 끝내는 최후의 카드는 바로 은하의 할아버지였다. 조부모와 함께 사는 은하는 할아버지에게 학교에서의 잘못된 행동이 알려지는 것을 가장 두려워했다. 도저히 대화와 감정이 통제되지 않을 때 할아버지에게 전화를 걸었고, 세 번 중 한 번은 학교로 오셔서 내 앞에서 손녀를 야단치고 돌아가셨다. 할아버지 앞에서는 눈물을 뚝뚝 흘리며 군말 없이 죄송하다고, 앞으로 선생님 말씀을 잘 듣겠다고 약속했다. 하지만 그 약속은 삼일, 아니 하루를 넘기지 못하는 경우가 많았고, 최후의 카드를 쓰는 일이 잦아졌다. 그만큼 할아버지 카드의 효력도 떨어져 날이 갈수록 폭언이나 협박뿐 아니라, 교사에게 보여주기 위해 칼이나 가위로 자해를 시도하기에 이르렀다.

아이의 세계로 들어가다

하루에도 수십 번 은하와 실랑이를 하다 보면 기운이 다 빠졌다. 교사로서의 자괴감과 극도의 피로감, 감정 소모에 지쳐갔고, 특수교육대상 학생을 제대로 지도하지 못하는 무능력함에 자존감이 바닥을 쳤다. 그러던 어느 날, 오늘도 학교로 출근해야 한다는 사실과 은하를 만나야 한다는 사실이 무서움과 공포로 다가

왔다.

사직을 마음먹었지만, 여기서 포기하면 나의 무능력함을 증명하는 꼴이 될 것이라는 생각이 들었다. 마지막 남은 자존심이 나를 붙잡았고, 그러던 중 '친절하며 단호한 교사'라는 부제가 떠올랐다. PDC가 무엇인지도 모르고 들었던 학급긍정훈육 원격 연수가 생각났다. 마침 열린 학급긍정훈육법PDC 특수교사 퍼실 2기 과정에 참여하면서 어둠 속에서 한 줄기 빛을 만났다. 특수교사와의 만남 속에서 이루어진 PDC는 마지막 용기를 내어 은하 앞에 설 수 있게 해 주었다.

PDC에서 배운 어긋난 목표행동 차트를 통해 은하 행동 이면의 그릇된 신념을 발견했다. 은하는 '내가 통제할 때 소속감을 느껴', '마음대로 나를 어쩌지 못할 거야', '내가 상처받은 만큼 다른 사람에게 상처를 줄 거야', '사람들이 나를 좋아하지 않아'라는 어긋난 믿음으로 자신과 타인, 세상을 바라보고 있었다. 은하의 어긋난 신념에 숨겨진 메시지는 '선택권을 주세요. 내가 하고 싶어요.', '난 상처받고 있어요. 내 마음을 알아주세요.'였다. 은하의 마음을 알게 되자 내 마음에도 변화가 일어났다. 은하가 어려운 행동을 보일 때, 은하와 행동을 분리하여 보게 된 것이다. 은하와 은하의 행동이 분리되면서 은하가 밉지 않았고, 지금 은하에게 필요한 것이 무엇인지, 어떤 어른으로 자라길 바라는지에 집중할 수 있었다.

PDC로 연결하다

은하의 어긋난 목표행동과 숨겨진 메시지에 따라 PDC에서 제시하는 여러 가지 방법들을 은하의 특성에 맞게 수정하여 적용했다. PDC에서 기본적으로 52가지의 훈육법이 제시되지만, 그 중에서 은하에게 가장 필요한 것들을 나와 은하의 관점에서 추려 보았다.

교사의 행동이나 태도	학생과 함께하기
– 관계 형성하기 – 친절하며 단호하게 말하기 – 한 발 물러나기 – 공평하게 대하기 – 말 대신 행동으로 보여주기 – 격려하기	– 감정 인식하기 – 선택하기 – 규칙 함께 세우기 – 자기 조절하기 – 공헌하기 – 격려하기

◆ 관계 형성하기

무엇보다 은하와 정서적으로 안정된 관계를 형성하는 것이 우선이었다. 은하에게 개인적인 관심을 보이고, 은하와 진심으로 놀기에 힘썼다. 둘만의 인사법(작은 손 하트와 윙크)을 함께 만들어 은하가 나에게 특별한 존재임을 느낄 수 있도록 했다.

은하가 꾸미는 것에 관심과 재능이 있어서, 함께 유튜브를 보며 화장법을 배우기도 했다. 화장에 서툰 나를 은하가 가르쳐 주면서 자신도 누군가를 가르칠 수 있는 역량이 있다는 것에 큰 만족감을 느꼈다. 이 부분이 나와 은하를 급격하게 가깝게 만드는 계기가 되었다. 그 뒤로 매일 하나씩 은하의 변화를 살펴 나의 입으로 콕 집어 말해 주면서 '선생님은 너에게 관심이 있어'라는 메시지를 전달했다. 긍정적인 관계가 형성되니 은하가 나의 이야기에 귀 기울이기 시작했다.

♦ 규칙 세우기

특수학급의 모든 학생과 함께 학교생활 규칙과 수업 규칙을 신호등 행동으로 만들어 특수학급 게시판에 걸어 두었다. 특수학급 학생들과 함께 결정한 규칙은 ○○캔버스로 은하가 작업하게 해 공헌으로 연결하였다.

아침에 등교해 특수학급에 들러 학교생활 규칙을 확인하고, 매 수업 시간 수업 규칙을 확인한 후 수업을 시작했다. 은하가 제작한 규칙 신호등이었기에 더욱 애착을 가지고 지키려는 모습이 나타났고, 다른 학생들이 지키지 않을 때 알려주는 모습도 보였다. 주로 지적장애가 있는 학생들로 구성된 특수학급이었기 때문에 각 규칙은 가장 중요한 한 가지씩만 학생들이 결정하도록 했다. 아무리 학생들이 세운 규칙이라 하더라도 규칙의 개수가 늘어나면 지키는 것이 어려워진다. 특히 지적장애가 있는 학생들에게 여러 개의 규칙은 기억하기도 어렵고, 지키는 것도 힘든 부분이 있어 가장 중요한 규칙들을 먼저 합의하여 결정하도록 했다. 생활 규칙이나 수업 규칙은 학생들의 요구가 있을 때나 교사가 필요하다고 판단할 때 학급회의를 통해 다시 결정할 수 있다.

♦ 자기 조절하기와 긍정적 타임아웃

우리의 감정 중에서 화가 날 때, 분노가 터질 때 파괴적인 행동이 많이 나온다. 특히 은하는 조금이라도 수가 틀리면 바로 분노를 터트렸다. 지금까지 은하는 분노를 발산하여 주변을 통제하고 원하는 것을 얻어왔기 때문에 아주 작은 거절이나 별 거 아닌 일에도 쉽게 분노했다. 은하와 함께 감정에 대한 이해를 손바닥 뇌이론으로 접근했다. 시각적 자료와 함께 교사를 따라 손 모양을 만들어 가면서 뇌에서 감정이 일어나는 과정을 쉽게 설명했다. 손바닥 뇌이론을 거울이론으로 연결하여 너의 감정이 다른 사람에게도 전이될 수 있음을 실제 거울을 보며 기쁠 때, 슬플때, 무서울 때, 화가 날 때의 표정을 지어보며 교사와 함께 따라해 보았다.

자연스럽게 나의 감정이 타인에게 영향을 미칠 수 있음을 알게 되었고, 특히 화나 분노와 같은 파괴력이 큰 감정은 자신과 타인에게 모두 부정적인 영향을 줄 수 있다는 것을 배웠다. 자신과 타인을 위해 분노의 감정이 나올 때 사용할 수 있는 긍정적 타임아웃 공간을 함께 만들었다. 특수학급 교실 한편에 작은 공간(학습공간과 분리되지만 서로를 확인할 수 있는 열린 공간)을 은하가 좋아하고 편안함을 느끼는 것들로 채웠다. 마음이 차분해지도록 도와주는 향초와 좋아하는 음악을 들을 수 있게 태블릿 PC

와 헤드셋을 두었다. 또 편하게 앉을 수 있도록 좋아하는 캐릭터 방석이나 쿠션을 놓았다. 긍정적 타임아웃 공간이 구성된 다음, 이 공간을 사용하는 규칙을 함께 이야기하며 정하고 시각적 자료로 그 공간에 게시해 두었다.

◆ 감정 인식하기

은하는 감정을 잘 인식하지 못했는데, 감정을 표현하는 어휘 또한 '좋다, 싫다, 화가 난다, 슬프다' 이 정도 뿐이었다. 편안한 감정보다 불편한 감정을 많이 느끼고 표현했다. 자신의 감정을 아는 것과 함께 생활하는 가족, 친구, 교사의 감정을 인식하는 것도 중요했다. 특수학급에 등교해서 가장 먼저 하는 일과는 자신의 감정을 표시하는 것이다. 은하가 감정 단어와 자신의 상황을 연결해 단어로 표현하는 것에 어려움이 있어 PDC 연구회에서 개발한 '마음 날씨'를 활용했다. 4가지 마음 날씨 그림을 보고 자기 감정과 가장 가까운 날씨에 자신의 이름표를 부착하게 했다. 특수학급의 모든 학생과 특수교사의 이름표를 마음 날씨판에 부착하기 때문에 자신뿐만이 아니라 다른 사람의 감정까지도 함께 확인할 수 있었다. 감정 날씨는 수시로 바꿀 수 있도록 했는데, 감정이 바뀐 이유를 생각해 보고 선생님과 그 이유에 관해 이야기를 나누며 자신의 감정을 깊이 들여다 보았다.

감정 날씨로 시작된 감정 인식하기는 특수학급 교과 수업과 연계하여 더 다양한 감정 단어로 확장할 수 있다. 감정 단어와 표정이 연계된 자료를 활용하여 자신은 언제 그런 감정들을 느끼는지, 친구들과 선생님은 언제 어떤 감정을 느끼는지 나누면서 같은 상황에서도 다른 감정을, 다른 상황에서도 같은 감정을 느낄 수 있다는 것을 배울 수 있다.

♦ 친절하며 단호하게 말하기&한 발 물러나기

은하에게 그동안은 적절한 행동을 하도록 일방적인 지시하기를 사용했다. 지시하기가 교사의 권위를 내세워 밀어붙이는 방법이라면 친절하며 단호하게 말하기는 학생의 상황과 감정을 교사가 알고 있음을 전하면서 지금 해야 할 것을 안내하는 말하기로 제한된 선택권을 주고 스스로 선택하여 행동하게 하는 것이다.

"선생님은 은하가 지금 화가 난 것을 알아. 그리고 우리는 말로 이야기할 필요가 있어.
조금 쉬었다가 이야기할까? 산책하면서 이야기할까?
네가 선택할 수 있어."

은하는 자기 뜻대로 되지 않는 상황에서 급격히 분노를 발산하는 경우가 많았다. 그때 보이는 행동이 폭언, 드러눕기, 물건 던지기, 자해하기로 안전하지 못한 방법이었기에 이때 친절하며 단호한 말하기로 은하의 감정과 상황을 읽어주고 말로 이야기할 수 있음을 안내했다. 제한된 선택지를 주고 학생이 스스로 선택하게 했다. 교사가 자신의 감정과 상황을 알고 있다는 것을 인식하는 순간 분노가 멈추거나 조금 가라앉게 된다. 그리고 숨 돌릴 여유의 시간을 주었다. 지금 당장 선택을 하지 않아도 된다는 것을, 너의 감정이 갈무리가 되도록 선생님이 기다리겠다는 뜻을 전하고 한 발 물러서서 은하가 감정을 어느 정도 가라앉힐 때까지 기다렸다.

은하는 자신이 선택할 때, 자신에게 주도권이 있을 때 안정을 느꼈다. 동일한 목표행동이라도 교사의 지시나 타인의 통제가 아닌 본인의 선택으로 행동할 때 잘 수행했다. 그런 은하의 마음을 발견한 이후로 제한된 선택지와 질문하기를 활용해 은하가 스스로 선택하게 했고, 이후 갈등이나 어긋난 행동은 많이 감소하였다.

♦ 말 대신 행동으로 보여주기

그러나 매번 친절하며 단호한 말하기가 잘 이루어지는 것은 아니었다. 은하의 이해되지 않는 행동으로 지칠 때가 자주 있었다. 화가 머리끝까지 난 상황에서 어떤 말도 들리지 않을 때는 말로 하는 것이 아니라 행동으로 보여 주었다. 소리를 지를 때는 손가락으로 '쉿' 동작을, 눈물을 쏟을 때는 양팔을 교차시켜 다독이는 동작을 보여 주었다. 자해하려는 행동이 있을 때는 손목을 살며시 잡아 위험한 칼이나 가위를 치우고, 함께 정한 긍정적 타임아웃 공간으로 이동했다. 잔소리나 지시가 아닌 자신을 진정시킬 방법과 지금 해야 할 행동을 교사의 신체적 촉진으로 보여 줌으로써 은하의 감정이 더 지나치는 것을 막을 수 있었고, 나 또한 부정적인 말이나 지시를 줄여 신체적, 정신적 에너지 소모를 줄일 수 있었다.

◆ 공평하게 대하기

학교에서 학생들을 만나다 보면 교사에게 편한 학생과 불편한 학생이 있다. 편한 학생과 불편한 학생을 의식하지 못한 채로 다르게 대하는 경우가 종종 발생한다. 은하가 바른 행동을 했을 때는 격려에 인색했고, 실수나 잘못된 행동을 했을 때는 더 엄격했다. 학생들을 향한 나의 태도를 되돌아보게 되었고, 말 한마디를 할 때도 한 번 더 생각하게 되었다. 학생들은 교사의 태도를 아주 잘 알아차린다. 그리고 그것이 불공평하다고 여겨질 때 교사의 어떤 지도나 교육은 전달되지 않음을 기억해야 한다.

◆ 공헌하기(의미 있는 역할)

특수교육대상 학생이나 장애 학생은 종종 배려만 받는 존재로 여겨지거나 무언가를 해내기보다는 잘하지 못하는 존재로 인식된다. 이런 경험을 오랫동안 한 특수교육대상 학생들은 자신이 중요하지 않은 존재, 도움이 되지 않는 존재, 무가치한 존재라고 여기기 쉽다. 그러나 특수교육대상 학생도 각자의 강점이 있으며, 그 강점으로 학교와 학급에 기여할 수 있다. 늘 비난과 지적에 익숙해져 있던 자신이 누군가에게 도움이 되고, 그걸 인정받는 경험은 학생의 변화와 성장에 긍정적인 역할을 한다. 학급의 사소한 일이라도, 교사의 작은 부탁이라도 참여할 기회를 주고, 학생이 한 일을 교사의 말로 인정하고 감사를 표현하는 것만으로도 공헌의 기쁨을 느낄 수 있다.

은하가 자신의 강점으로 공헌할 수 있는 일에 참여할 기회(교실 환경 꾸미기, 수업 도우미 등)를 주었을 때, 자신을 긍정적으로 인식하게 되었다. 특수교육대상 학생들은 특수학급에서도 통합학급에서도 어디에도 속하지 못하는 경우가 종종 있는데, 학생에게 학급을 위해 공헌할 수 있는 역할과 기회가 제공된다면 소속감을 느끼고 긍정적인 자기 인식에 큰 도움이 될 수 있음을 기억하자.

◆ 격려하기

PDC에서 인간의 행동은 자존감과 소속감을 얻기 위해 이루어진다고 한다. 건강한 자존감과 소속감을 느낀다면 어긋난 목표행동보다는 적절한 행동을 할 가능성이 높다. 건강한 자존감과 소속감을 느끼는 가장 빠른 길은 격려라고 생각했다. 특수교육대상 학생은 격려받아 본 경험이 적다. 지적과 야단, 배제에 익숙해져 있어 건강한 자존감과 소속감을 느끼기 어려운 환경에 노출되어 있다. 은하는 어렸을 때부터 가정과 학교에서 비난과 지적, 야단을 많이 들어왔고, 그럴수록 더욱 자신을 드러내고 연결되고 싶어서 어긋난 행동, 특히 자기 힘을 보여주거나 받은 만큼 돌려주는 보복의 행동을 자주 보였다. 이런 은하에게 마음이 담긴 격려를 수시로 느낄 수 있도록 했다.

"선생님이 은하가 대주(가명)를 도와주는 것을 봤어."
"선생님은 은하랑 오늘도 함께해서 참 좋아."
"은하가 제 시간에 성실하게 학교에 오는 건 진짜 멋진 일이야."

학생 스스로는 의미를 두고 하지 않았던 행동이라도 교사가 알아차려 주는 것만으로도 격려의 효과를 볼 수 있다. 또 특수학급에서는 매주 금요일마다 학생들끼리 서로 격려하는 시간을 가졌다. 고마운 친구에게 또는 자신에게 그동안 잘 전하지 못했던 격려를 나누는 활동을 했다. 격려받는 것에 익숙지 않아서 처음엔 부끄러워 몸둘 바를 모르지만 기분 좋은 미소는 감춰지지 않는다.

선생님이, 친구가 나의 이야기에 귀 기울이고 온전히 나만을 위해 전해주는 격려는 학생의 성장에 좋은 밑거름이 된다. 격려로 채워지는 마음은 자신을 긍정적으로 바라보게 하고, 주변 사람들과 좀 더 건강한 관계를 만들어 주며, 세상을 안전하고 따뜻한 곳으로 인식하게 한다. 궁극적으로 바른 신념을 가질 수 있도록 돕는다. 나아가 나와 타인, 세상에 대한 바른 신념은 어긋난 목표행동이 아닌 적절한 행동으로 표현하게 한다.

단시간에 관계와 행동이 변하지는 않지만, 하루하루 나의 행동이 달라지고, 은하와 나의 관계가 조금씩 개선되면서 은하의 행동도 달라졌다. 아이의 변화를 위한 PDC 여정은 혼자서는 완성할 수 없지만, 혼자부터 시작해 볼 수는 있다.

PDC를 알게 되고 배우며 학교에서 실천한 지 7년이 되었다. 그 7년은 단호함만 가득했던 나를 친절함이 장착된 교사로 만들어 주었다. 나는 도대체 어떻게 교직에서 살아남아야 할지 고민했지만, 이제는 교직에서 정년을 꿈꾼다. PDC를 만나기 전과 후, 은하를 만나기 전과 후로 나는 전혀 다른 특수교사의 삶을 살고 있다.

3

내 마음대로 하고 싶어요

♦ 유치원 특수학급(통합학급) 학급긍정훈육으로 말걸기에 앞서

특수학급에 오는 아이들 중에는 말을 하지 않거나, 말을 못하는 경우가 많다. 그래서 아이들과 의사소통을 하는 것은 여간 힘든 일이 아니다. 그러나 힘든 동시에 이들과 말이 아닌 다른 방법으로 소통할 때 느끼는 감정은 쾌감에 가깝다. 이러한 이유로 매년 아이들을 만나고 있는 것 같다. 그럼에도 불구하고 특수교육대상 유아에게 학급긍정훈육을 적용하는 것은 쉽지 않다.

하지만 "모든 인간은 소속감을 추구한다"는 학급긍정훈육의 명제에 강력히 동의하며, 우리가 가르치는 특수교육대상 유아들이 "모든 인간"의 범주에서 예외가 될 이유가 없다고 생각하기에 나는 도전하기로 결심했다. 그렇게 결심하니 학급긍정훈육을 특수교육대상 유아에게 어떻게 적용할지를 고민하게 되었다. 방법에 대한 고민은 계속되었지만 쉽게 그 길을 찾지 못했다.

많은 사람들이 당연히 "아이들도 의견이 있다"고 생각할 것이고, 나도 그렇게 생각했지만 나는 아이들을 마치 자기 의견이 없는, 아니 더 정확히 말하면 자기 의견을 내서는 안 되는 아이처럼 대했다. 특수교육대상 유아들을 내가 바꿔주고 고쳐줘야 할 대상으로 여겼기 때문이다. 아이들은 자신이 하고 싶은 활동과 더 좋아하는 활동, 매우 좋아하는 것들이 있었고, 원하는 스킨십도 있었다.

아이들은 학급회의에서 자신의 생각이나 의견을 말하지는 않았지만, 나는 행동 관찰을 통해 그들의 의견을 알게 되었다. 우리 반 아이들은 늘 나에게 자신의 의견을 온몸으로 표현하고 있었지만, 그 모습은 마치 3D 영화 같았다. 3D 영화 전용 안경을 써야 영화가 제대로 보이듯, 애정과 관심이라는 안경을 써야 아이들의 "진짜"가 보였다. 아이들이 원하는 것과 그렇게 행동하는 이유를 조금씩 알게 되었다. 그러나 문제가 있었다.

특수학급이든 통합학급이든 교실에서 아이들이 원하는 모든 것을 들어줄 수는 없었다. 그렇다고 아이들의 요구를 무시하고 비장애 중심으로 운영되는 일반 유치원의 통합학급 운영 방식과 규칙, 일과에 무조건 따르게 할 수도 없었다. 이들에게도 훈육하고 가르쳐야 할 것들이 있었다.

이 부분이 말을 하지 않거나 못하는 특수교육대상 유아가 있는 교실에서 학급긍정훈육을 실천하는 데 가장 어려운 지점이다.

아이들의 행동을 이해하기 위해 여러 요소를 고려해야 하는 데, 그 첫 번째는 아동의 발달 수준이다. 내가 만나는 아이들은 만 3세에서 5세 유아로, 이들의 발달 수준은 개인 간 차이도 크고, 개인 내 발달 영역 간 차이도 크다. 유치원 특수학급에 오는 아이들 대부분은 신체 발달은 잘 되어 있으나 의사소통과 사회성 발달에 큰 어려움을 보인다. 의사소통과 인지 발달에 어려움이 있다 보니 아이들과 언어로 학급긍정훈육을 실천하기에는 큰 무리가 따랐다. 대부분의 경우 적용이 불가능한 상황이었다.

아이들의 요구를 알아채기 위해서는 특수교육에서 놓쳐서는 안 되는 특수교사의 과제, 즉 관찰이 매우 중요하다. 관찰을 통해 아이들의 요구를 파악해야 했다. 그다음 나는 특수교육대상 유아에 대한 나의 요구 수준을 결정해야 했다. 이 관찰의 시간을 아이들과 연결하는 시간으로 삼았다.

연결이 되었으니 이제 학급긍정훈육을 시작해 볼 수 있겠다. 나는 올해도 말하지 않는 우리 반 아이들과 학급긍정훈육을 진행하고자 한다.

아이와 마주하다

3월에 처음 만난 마음이는 3세 남자아이다. 첫 이미지는 조용하고 순응적이었으며, 간단한 지시를 잘 따라주었고, 밥을 정말 잘 먹었다. 그러나 두 주 정도 지나자 마음이는 자신의 욕구와 요구를 자유롭고 즐겁게 표현하기 시작했다.

특히 컴퓨터와 티브이(터치형 모니터)에 대한 사랑이 매우 지나쳤다. 말로 친절하고 단호하게,

"여기를 자꾸 눌러보고 싶구나."
"그리고 티브이를 마구 누를 수는 없어."
"자리에 앉아서 보자."

라고 일렀지만, 아무 소용이 없었다. 나는 학급긍정훈육 교사답게 공감하는 말하기 ("여기를 자꾸 눌러보고 싶구나.") 와 마법의 단어(그리고), 너와 나 그리고 상황을 존중하자는 의미의 단호한 안내("티브이를 마구 누를 수는 없어. 자리에 앉아서 보자.")를 했다.

이러한 말하기는 대단히 훌륭한 학급긍정훈육의 정석이다. 그러나 마음이는 단 1초의 망설임도 없이 티브이를 향한 구애를 계속했고, 친절하고 단호한 학급긍정훈육 교사인 나에게 큰 무력감을 안겨주었다.

시각적 자료를 제시하여 안내해야겠다고 생각하며 급한 대로 빨간색 전기 테이프로 티브이 전원 버튼에 X자로 표시해 두었지만, 아이의 행동 조절에 전혀 도움이 되지 않았다. 급히 검정 천을 구해 티브이를 가려두었고 그 위에도 빨간색 X를 붙여두었다.

그러자 마음이는 검정 천이 씌워져 있을 때는 누르지 않게 되었다. 문제는 티브이를 사용할 때이다. 아이는 앞으로 나와 티브이를 마구 치고 앞에 서 있기를 원했다. 나는 티브이 옆쪽에 앉아 아이의 치는 행동을 성공하지 못하게 미리 막았다.

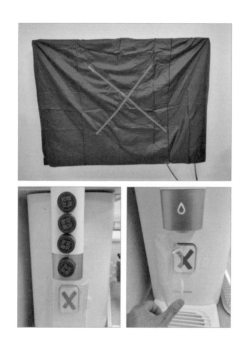

아이의 세계로 들어가다

나는 마음이의 이 행동은 없애기 어려운 행동이라는 사실을 몇 주간의 실랑이 끝에 확인하였다. 연령이 어려 아직 행동 조절에 어려움이 있다는 점, 강력한 욕구에 기인한 행동이라는 점 이

두 가지 이유로 내가 하는 방법이 마음이의 행동을 소거하는 데 소용없다는 사실을 깨닫게 되었다. 나처럼 해서는 결코 마음이의 행동을 멈추게 하지 못한다. 그러나 나에게는 달리 방법이 없었다. 뭘 어떻게 해야 할지 몰라 진공관 안에 갇혀 버린 느낌이 들었다. 교사가 하지 말라고만 할 때 아이들은 어떨까? 무엇을 하지 말라고만 하면 무엇을 해야 할지 몰라 나와 같이 무력감에 빠지거나 진공상태가 되지 않을까? 아니면 "하지 말라"는 말 따위는 가볍게 무시하며 하던 행동을 계속하거나 말이다.

마음이가 버튼을 누르거나 화면을 칠 때 벌어지는 화면의 반응은 정말 즉각적이다. 그래서 마음이는 이 행동을 멈출 수가 없었던 모양이다. 버튼을 누르거나 화면을 치면 어떤 소리가 나기도 하고, 화면이 바뀌기도 한다. 그러한 변화와 반응에 마음이는 자기 효능감이 증명된다고 느끼고 있는 것 같았다. 그리고 따라오는 즐거움은 마음이를 아주 기쁘게 하는 것 같기도 했다.

PDC로 연결하다

◆ 특별한 시간, First- then

두 달에 걸친 관찰 시간, 아이와의 감정을 연결하는 시간 동안 이것저것 시도해 보았지만 마음이의 행동은 진전이 없었다. 진공상태가 되어 생각이 멈춰버린 어느 날, 우연히 함께 근무하는 특수교사에게 정보를 얻었다. 그 통합학급에 유아용 컴퓨터가

인기 만점이라는 게 아닌가! 나는 학급 유아용 컴퓨터를 구매했다. 마음이에게 유아용 컴퓨터를 보여주자 마음이는 황홀한 표정을 지었다.

배변 훈련 중인 마음이는 교실 자석판에 자기 얼굴이 그려진 화장실 카드가 사진 자료로 붙어 있는 것을 보았다. 그러자 그 카드 옆에 컴퓨터 카드를 붙였다. 그리고 그 카드를 주면 컴퓨터를 주겠다고 행동으로 알려줬다. 마음이는 컴퓨터 카드를 가져왔고 나는 즉시 컴퓨터를 꺼내 주었다.

자신의 요구가 즉각적으로 반영되는 경험을 하면 만족감이 커질 것이며 자기 효능감도 증진될 것으로 여겨졌다. 나는 마음이가 컴퓨터 카드를 제시하면 바로 주었으며 타이머로 할 수 있는 시간을 알려주었다.

요구하기와 그에 대한 요구 반영이 잘 되자 나는 first-then을 적용해 보기로 했다. 컴퓨터를 하는 중에 화장실 갈 시간이 되면 화장실 카드를 보여주며 화장실 다녀오고first 컴퓨터 하기then를 안내하였다. 처음에는 마음이는 무슨 상황인지 이해하지 못하는 것 같았다. 아니면 컴퓨터를 계속하고 싶은 마음을 표현하고 있었을지도 모른다. 그러나 나는 나의 요구를 마음이가 수용해 주기를 바라는 마음으로 화장실 다녀오고first 컴퓨터 하기then를 요구하였다.

화장실에 다녀와도 컴퓨터를 할 수 있다는 경험을 한 이후 화장실 다녀오고first 컴퓨터 하기then는 잘 적용되었다. 이 경험이 다른 활동이나 교육활동에도 확대 적용되기를 기대하는 마음으로 실천 중이다.

마음이의 요구가 수용되고, 욕구가 충족되자, 교사 컴퓨터 키보드, 티브이 치기와 같은 행동은 많이 줄었다. 완전히 없어지지는 않았지만, 눈에 띄게 줄어들었다.

마음이는 친절하고 단호한 교사의 말에서 나와 너, 상황을 존중하는 것을 경험하고 있다. 그리고 연결을 통해 충분히 안정감을 느끼고, first-then으로 배울 수 있었다.

실천을 위한 Tip

유치원 통합학급에서 컴퓨터와 같은 특별한 교구를 특정 아이에게만 적용하는 것은 쉽지 않다. 왜 마음이에게만 특별한 것을 주냐는 아이들의 민원을 받을 수 있으며, 다른 아이들을 이해시킨다는 명분으로 설명하다간 자칫 마음이는 부족하거나 문제가 많은 아이라고 낙인 찍힐 수도 있기 때문이다. 이럴 때는 보편적 학습설계[7]로 이 부분을 해소하면 가장 좋은 일이나 현실적인 어려움을 고려하여 이 컴퓨터는 마음이의 것이라고 소개했고 거기에 마음이의 이름표를 붙였다. 그리고 모든 아이들을 위한 공용 컴퓨터를 소개했다. 마음이가 평소에 선생님 키보드와 마우스를 많이 만지는 모습을 봐왔기 때문에 마음이가 컴퓨터를 좋아한다는 사실은 친구들도 모두 다 알고 있었다. 그래서 이것은 컴퓨터를 너무 좋아하는 마음이의 것이라고 소개해도 아이들에게는 크게 거부감이 없었다. 3세 유아들은 사실 편견이라는 것이 없다. 그래서 말을 하지 않는 특수교육대상 유아들에게도, 특정 물건을 매우 좋아하는 특수교육대상 유아에게도 특별히 이상하다는 마음을 갖지 않는다. 자신들과 다른 점을 크게 문제라 여기지 않는다. 그래서 유치원 과정에서도 특히 3세는 통합교육의 꽃인 시기이다. 3세 통학학급 교사들은 마음이도 어리지만 통합학급의 다른 아이들도 어려 모두를 별로 다르지 않게 대한다. 그러나 가끔 우리 반 통합교사들은 특수교육대상 유아들을 특별히 대하기도 한다. 그래도 이들에게는 큰 문제가 되지 않는다.

아이와 마주하다

선물이도 말을 하지 않는 아이다. 필요한 것이 있거나 배고프거나 하고 싶은 대로 되지 않을 때 선물이는 인상을 팍 쓰며 꽤 큰소리로 짜증을 냈다.

"삑~~~"

선물이는 교구나 장난감을 입에 넣고 질겅질겅 씹기도 했다.

"짜증내지 마."

"시끄러워."

"입에 넣지 마."

아이의 세계로 들어가다

이런 말들은 의미가 없었다. 아이의 행동을 조금도 변화시키지 못했기 때문이다. 당연히 무조건 하지 말라고 하는 것이 효과도 의미도 없다는 것은 알지만 내가 할 수 있는 유일한 일은 "하지 말아라"하는 것 뿐이었다. 아이는 무엇을 원하는 것일까? 아이는 왜 그러는 것일까? 그 고민을 시작으로 나는 아이를 관찰하기 시작했다. 그리고 함께 하는 담임 선생님, 특수교육 실무사 선생님과 협력했다. 우리는 여러 관점으로 아이를 보기 시작했다. 언제 그러는지, 컨디션에 영향이 있는지, 어느 상황에서 그러는지, 패턴이 있는지... 우리의 관심이 조금씩 아이의 마음에 닿고 있다는 생각이 들었다. 아이의 세계를 이해하는 일은 결과를 알 수 없어 늘 힘든 일이지만 지금도 멈추지 않고 있다. 그렇게 조금씩 우리는 만날 수 있었다. 여전히 답은 모른채로 말이다.

PDC로 연결하다

◆ "하지 마" 대신 이렇게

해결 방법에 초점을 맞추기로 하자 아이에게 입에 넣을 수 있는 것과 그렇지 않은 것이 있다는 것을 알려주어야겠다고 생각했다. 그래서 안전성이 입증된 다양한 크기와 모양의 치발기를 구입하였다. 교구를 입에 넣으면 바로 치발기를 주고 친절하고 단호한 교사가 되어 선물이에게 이렇게 말했다. 아이가 거부하기도 했지만 나는 편안한 말투로 선물이가 해야 할 행동을 일러주었다. 친절하고 단호하기, 관철하기를 실천한 것이다.

"입에 뭘 넣고 싶구나."

"그리고 그건 입에 넣을 수 없어. 더럽거든"

"이건 입에 넣어도 괜찮아."

"여기에 둘게. 입에 뭘 넣고 싶을 땐 이것을 넣자."

이런 교육이 반복되자 나중에는 입에 무언가를 물고 있을 때 "선물아"라고만 불러도 입에 넣었던 것을 선물이 스스로 뺏다.

실천을 위한 Tip

어떤 특정 감각을 추구하는 것은 자폐성 장애의 특성 중 하나다. 아이들의 장애적 특성에 기인한 순수행동에 대해 무조건적 소거로 지도했다면 순수행동[8]이 사회적 목적을 가진 목적행동으로 바뀔 수 있다. 이 점을 기억하고 아이들을 교육하는 것은 매우 중요하다.

♦ 원하는 것을 주세요

선물이는 자신이 원하는 것을 요구할 때 짜증을 냈다. 명확히 무엇을 해달라는 요구를 밝히지 않으니 교사인 나는 당연히 빨리 알아채기가 어려웠고, 선물이의 짜증의 강도는 높아질 수 밖에 없었다. 강한 텐트럼^{감정적 폭발}에 당황스러운 경험이 몇 차례 반복되자 내 감정도 조절하기 어려워졌다. 또 그런 일이 생길까 두렵기도 했다.

평소 선물이가 하고 싶어하는 것, 필요한 것, 해야 할 일과 가야 하는 곳의 사진이나 그림을 카드로 준비했다. 그림 카드를 보여주며 가야 할 곳을 알려주거나 해야 할 일을 알려주었다. 몇 번 반복하자 카드의 의미를 알아챈 선물이가 어느 날 과자 그림 카드를 특수교육실무사님께 주며 배고픈 자신의 상태를 알렸다. 우린 평소 좋아하는 누룽지 과자를 선물이에게 주었다. 의사소통을 위한 시도가 성공한 날이었다.

'학급긍정훈육' 하면 동의와 가이드라인 만들기, 의미있는 역할, 학급회의 등이 떠오른다. 그래서 특수교사들이 학급긍정훈육을 특수학급에 적용하기 힘들다고 생각한다. 나 또한 그랬다. 2019년 제대로 학급긍정훈육을 공부하기 시작하며 우리 반 아이들에게 적용할 수 없다고 섣부르게 결론지었던 시기가 있었다. 그럼에도 불구하고 특수 퍼실과정 1기 선생님들과 PDC 공부를 계속했다. 그러면서 PDC 교사로 살고 싶은 마음이 간절했다.

PDC 교사로 산다는 것은 그 철학에 동의하고 나 스스로 가이드라인을 만들어 친절하고 단호한 선생님으로 아이들과 함께 하는 것이다. 해결 방법에 초점을 맞추고 아이들의 행동에 반응하기 전 내 감정을 들여다보며 아이들의 행동을 이해하는 것이다.

특히 유치원 특수학급 또는 특수학교에 근무하는 교사가 학급긍정훈육은 나와 먼 이야기라고 단정 짓고, 그것을 실천할 수 없다고 지레 포기하지 않기를 바란다. 아이들이 말을 하지 않아도 교사는 말을 하지 않는가? 내 입에서 나오는 말과 내 태도와 교육이 PDC이면 되는 것이다.

같은 방식의 교육과 훈육에 변하지 않는 아이들을 보며 특수교사로 사는 일에 무력감과 회의감을 느낄 때가 많았다. 그러니 당연히 아이들에게도 화를 많이 냈다. 내 변화가 아이들의 변화로 이어지는 이 즐거운 일에 당신을 초대하고 싶다.

우리는 시행착오, 실수도 반복하지만 실수로부터 배우고 아이들을 우리의 문제해결에 참여시키기를 끊임없이 시도하는 '불완전한 PDC 교사'이다. 나는 불완전한 나를 받아들이면서 자유로움, 해방감을 경험했다. 그래서 불완전할 용기를 갖도록 이끈 'PDC 교사 되기'로 기꺼이 오늘도 나아간다.

제2부

PDC로
만나는
수업

유치원, 초등학교, 고등학교, 특수학교에서 PDC의 철학을 실천하기 위해 활용했던 수업 사례를 담았습니다. 초등학교 특수학급에서는 PDC를 바탕으로 건강한 학급 문화를 조성하기 위한 '건강한 학급을 위한 PDC 터 닦기' 활동을 진행했습니다. 또한, 아이들이 건강한 자아를 형성하고 소속감과 자존감을 키우기 위해 운영한 '소속감과 자존감으로 자라는 교실', 실수를 통해 배우는 기회를 제공한 '실수로부터 함께 회복하기', 독서 활동을 통해 각자 아름답게 빛나는 아이들을 만나게 해 준 '나만의 빛을 찾는 감격해 탐험대'도 포함되어 있습니다. 고등학교에서는 학생들에게 성공의 경험을 제공한 '자신감에서 뿌듯함으로', 열등감을 성장의 기회로 삼아 용기 있는 도전을 선물한 '용기 있는 한 걸음', 특수학교에서는 아이들의 진로와 직업 수업에 활용한 '나를 믿고 세상 속으로 JUMP!'와 같은 주제들이 있습니다. 총 8개의 주제를 다루었습니다.

아이들과의 정규 수업 시간을 활용하여 PDC의 철학이 담긴 활동을 진행함으로써, 자존감을 회복하고 우리 아이들이 건강하게 열등감을 수용하며 세상 속으로 한 걸음 내딛기를 바랍니다.

1. 나, 너 '그리고' 우리 한 배로 출발!

길을 헤매다

유아특수교사로 지내면서 많은 시행착오를 겪었다. 가끔은 마주하는 유아들이 두려웠던 적도 있었다. 의미를 알 수 없는 갑작스러운 울음, 짜증, 심지어 위협적인 행동까지 교사인 나 혼자 감당하기가 무서웠다. 특수교육대상 유아가 보이는 어려움들은 나에게 시행착오를 허용하지 않았고, 그 순간 나는 할 수 있는 것이 아무것도 없는 무기력한 특수교사였다. 통합학급 교실에서는 나와 아이들 모두 초대받지 못한 손님처럼 느껴졌고, 그들의 보호자이자 대변자가 되어야 할 나는 어떻게 해야 할지 몰랐다. 그 결과, 내가 선택한 최악의 방법은 무섭게 화를 내며 상황을 끝내는 것이었다. 이러한 시간들이 누적되어 무기력함에 빠지고, 이 길이 내 길인지 심각하게 의문을 품던 그 시기에 학급긍정훈육을 공부하게 되었다. 마치 커다란 강을 가로지르는 징검다리처럼, 특수교육과 유치원 통합교육 사이에서 어디로도 오가지 못해 길을 잃은 나에게 PDC는 중요한 전환점이 되어주었다. 더이상 아이들에게 화를 내고 싶지 않았고, 분명 다른 방법이 있을 것이라고 믿었다. 특수교육과 유치원 통합교육 사이에 학급긍정훈육이라는 징검다리를 하나씩 놓아, 나만의 길을 만들어가는 이야기다.

PDC로 연결하다

◆ 나 알아보기

특수교육대상 유아는 사회적으로 적절한 감정 표현에 미숙한 경우가 많다. 또한 유치원에서의 통합교육은 초·중등 교육과는 다르게, 특수교육대상자가 포함된 통합(일반)학급 교실에서 특수교사와 일반교사가 함께 오랜 시간 생활하며 지낸다. 그렇기 때문에 특수교육대상 유아가 보이는 감정과 행동은 때로 낯설고 이상하게 여겨질 수 있다. 유아기는 서로의 다양성을 인식하고 존중하는 기회를 가지기에 적합한 시기이므로, 유아들이 서로를 이해하고 연결할 수 있도록 먼저 자신의 감정을 자연스럽게 인식하는 활동을 진행하였다. 자폐스펙트럼 장애를 가진 유아의 감정 폭발도 또래에게 수용되기 어려운 경우가 많다. 그러나 이러한 감정 폭발이 하나의 감정 표현으로 존중받을 수 있도록 유아들과 함께 다양한 감정에 대해 알아보았다. 장애의 유무를 떠나 유아기에는 다양한 감정을 인식하고 표현하는 경험을 통해 자신을 이해하고, 타인과의 관계를 형성할 수 있다.

◇ 감정에 이름 붙이기

먼저, 유아들과 함께 감정의 이름을 알아보면서 감정을 인식하였다. 매일 한 개의 감정을 알아보고 그 감정에 대한 본인만의 감정 그림을 그리며 사전을 만들었다.

◇ '화' 라는 감정 - 내 감정 스스로 조절하기

유아들이 다양한 감정들에 대해 알아가는 과정에서 특수교육 대상 유아가 보이는 감정 표현이 부정적으로 인식되지 않도록, 『제라드의 우주쉼터』그림책을 읽으면서 놀이를 확장하였다.

유아가 해결하기 힘든 감정이 생길 때, 자신만의 공간에서 시간이 필요할 때, 감정적으로 힘든 다양한 상황에서 우주쉼터가 역할을 할 수 있도록 이야기를 나누었다. 자연스럽게 유아들은 학급에도 우주쉼터를 설치하면 좋겠다는 의견을 제시했고, 종이집을 구입해서 함께 꾸미고 우주쉼터의 이름도 지어보았다. 유치원 교실에서는 구멍 사이로 빛이 들어와 어두웠으면 좋겠다는 의견을 반영하여 암막 커튼을 씌워 주어 학급의 우주쉼터를 완성하였다.

배움의 이유	특수교육대상 유아를 포함한 모든 유아가 설명하기 힘든 여러 가지 이유로 텐트럼을 보이는 경우 조용하고, 편안한 공간에서 자기 조절을 위한 정서·행동 지원 공간으로 활용하면서 스스로 자신의 감정을 조절하는 경험을 배우게 된다.

활동 흐름

◎ 활동 시작 및 전개

– 그림책 『제라드의 우주쉼터』 읽기

: 그림책 『제라드의 우주쉼터』를 읽어보고 유아들이 조절하기 어려웠던 감정이나 상황들에 대해 이야기 나누어 본다. 또한 그러한 상황에서 제라드의 우주쉼터와 같은 공간을 구성해 보기 위한 방법을 이야기 나누어 본다.

· 조절하기 힘들었던 감정에 관해 이야기 나누기
· 학급 마음쉼터 공간 이름 정하기 (예시, 00반의 마음 정거장 등)
· 마음쉼터 공간 구성 방법 회의하기

– 우주쉼터 공간 구성하기

: 학급 마음쉼터 공간의 이름을 지어보고, 간판 및 공간을 구성해 본다.

· 우주쉼터 공간 구성하기 (암막천 활용하여 아늑한 공간 조성)
· 우주쉼터 공간 간판 만들기

– 우주쉼터 공간에서 쉬어보기

: 유아들과 함께 구성한 우주쉼터 공간에서 자유롭게 놀이하며, 감정 조절에 어려움을 겪을 경우 우주쉼터에서 휴식을 취하며, 유아들이 스스로 감정을 조절할 수 있는 기회를 제공한다.

· 우주쉼터 공간 사용하기

◎ 놀이활동 확장

– 학급 우주쉼터 공간을 꾸미기 위하여 공간 컨셉에 따른 다양한 놀이재료를 추가 할 수 있음.
(예시, 공룡 정거장의 경우, 공룡 피규어를 천장에 매달아 놓기 등)

특수교육대상 유아는 아니었지만, 통합학급 유아 중 미술 활동에 재능을 보이는 친구가 있었다. 그 친구는 자신의 작품에 심혈을 기울여 완성하려 했고, 중간에 조금이라도 마음에 들지 않으면 몇십 분을 울면서 짜증을 내곤 했다. 어느 날, 평소처럼 색

칠을 하던 중 잘 되지 않자 종이를 찢으며 화를 내기 시작하였다. 그래서 그 아이에게 다가가 무심코 어떤 문제가 있는지 물어봤지만, 아이는 울기만 하고 대답하지 않았다. 그때 나는 "혹시 시간이 필요하면 우주쉼터에 갔다가 언제든지 선생님에게 오면 돼"라고 말해주었고, 아이가 스스로 우주쉼터로 들어가는 모습을 보며 속으로 기쁨을 느꼈다. 물론 이 교육활동의 본래 의도는 특수교육대상 유아가 감정 폭발을 보일 때 활용할 수 있도록 타임아웃 공간을 마련하는 것이었으나, 다른 아이들도 그 공간에서 시간을 보내는 모습을 보며 자연스럽게 그 공간이 "모두를 위한 공간"으로 확장되는 것을 발견하게 되었다.

긍정적인 타임아웃 공간을 유아 스스로 선택하여 활용할 수 있는 기회를 제공하는 것은 매우 중요하다. 이를 통해 유아는 자신의 감정을 직면하고 조절할 수 있게 되며, 이 과정에서 교사는 끊임없이 인내심을 가지고 평정심을 유지해야 한다. 이와 관련된 자세한 내용은 『학급긍정훈육-특수교육편』에서 참고할 수 있다.

◇ 마법의 단어 "그리고"

특수교육대상 유아 중 유치원에 있는 것을 즐기고 하교 시간마다 교사와 실랑이를 벌이는 친구가 있었다. 유치원 수업이 끝나고 가는 센터 치료를 가는 것이 싫다며 소리를 지르며 뛰어다니기 시작했다. 그럴 때, 마법의 단어 그리고를 사용하게 되었다.

"○○아. 유치원에서 더 놀고 싶은 마음 잘 알아. 그리고 지금

종이 쳤고 엄마가 왔으니 센터에 가야 해. 유치원에서 네가 좋아하는 장난감 하나를 선택하면 선생님이 빌려줄 수는 있어."

라고 말하자, 아이는 순순히 변했다. 그 모습을 보며 나는 "그리고"라는 마법에 완전히 빠지게 되었다.

우리는 그리고 대신에 그런데를 주로 사용한다. 문법상으로도 그런데가 맞는 말이지만, 그런데를 사용하면 앞서 말했던 유아의 감정에 대한 공감이 유아에게 제대로 전달되지 않을 것이다. 반면, 그리고는 유아에 대한 존중과 교사 또는 상황에 대한 단호함을 동시에 표현할 수 있는 단어이다. 아쉽게도 이 책에 '그리고 마법'의 동영상을 담을 수는 없었지만, 학급에서 유아와 감정으로 먼저 연결한 후, 제한된 선택지를 제공한다면 당신도 이런 놀라운 마법을 경험할 수 있을 것이다. 교사의 말과 행동을 통해 아이들이 감정을 조절할 수 있도록 도와주는 것은 친절하고 단호한 교사의 중요한 키포인트다.

♦ 너 알아가기

유아기는 백지와 같은 상태로 장애에 대한 선입견과 편견이 적은 시기이다. 이 시기에 다양한 또래들과 만남을 통해 나와 타인에 대해 바람직한 가치관을 형성하는 것은 중요하다. 따라서 단순히 장애 체험을 하거나 장애를 가르치는 등의 장애 이해 교육은 이 시기 유아들에게 적절한 교육이 아닐 수 있다. 대신 유아들이 긍정훈육을 통해서 서로를 알아가고 이해하는 방법을 소개하고자 한다.

◇ 의미 있는 역할

통합학급에서 특수교육대상 유아가 소속감과 존중감을 느끼기 위해서는 역할을 부여하는 것이 매우 중요하다. 역할을 갖게 되면서 특수교육대상 유아는 소속감을 느끼고, 역할을 수행하는 과정에서 또래들로부터 인정과 존중을 받으며 학급의 일원으로 완전히 통합된다. 이러한 역할을 부여할 때 특수교육대상 유아의 특성을 잘 반영하여 이루어지는 것이 바람직하다. 이를 위해 그림책 '완두'를 활용하여 역할에 대한 개념을 인식할 수 있도록 활동을 구성했다.

특히 체조를 좋아하는 유아가 있다. 그 아이는 거울을 보며 상상 속의 헤드셋에서 나오는 음악에 몸을 맞춰 춤을 추는데 그 모든 동작은 즉흥 안무가 아니라, 유치원 활동 중에 배운 노래의 동작이다. 유치원 활동 중 잠깐의 전이 시간(예: 점심 식사 이후 양치 시간 등)에 동요 영상을 보게 되면 그 친구는 티브이 앞에 나와서 춤을 춘다. 평소 같았으면 친구들이 화면이 보이지 않는다며 아우성이었을 텐데, '춤 대장'이라는 역할을 부여한 이후 그 아이의 행동에 대한 다른 유아들의 반응이 달라졌다. 유아의 행동이 부정적으로 인식되지 않고 학급에서 필요한 역할을 가진 행동으로 받아들여지는 모습이 놀라웠다.

모든 유아가 자신의 장애와 관계없이 학급에서 의미 있는 역할을 수행하게 되지만, 자발적으로 역할 수행이 어려운 유아들을 위해 고민이 필요했다. 특수교사로서 약간의 재치와 능청스러움을 더한다면, 이렇게 유아들이 보이는 상동 행동이나 특징을 강점으로 인식하여 역할을 부여할 수 있다.

배움의 이유	교실 안에서 장애로 인하여 배제되는 경우는 없어야 하며, 모든 유아에게 다양한 역할을 부여하여 유아들이 학급에서 의미 있는 역할을 수행함으로써 소속감을 느낄 수 있도록 한다.

활동 흐름

◎ 활동 시작 및 전개

– 그림책 『완두』 읽기
: 그림책 『완두』를 읽어보고, 우리 각자가 학급을 위해 할수 있는 일을 알아본다.
· 주인공 '완두'의 역할 알아보기
· 우리 반에서 필요한 역할 찾아보기

– 의미 있는 역할 DAY
: 의미있는 역할 목록을 구성하여 모든 유아들이 학급에서 역할을 수행한다.
· 의미있는 역할 선택하기 (뽑기, 지원 등)
· 의미있는 역할 수행하기

◎ 놀이활동 확장
– 특수교육대상 유아의 역할은 필요에 따라 또래와 함께 수행할 수 있도록 인원 수를 조정하거나, 유아의 특성에 맞는 역할을 부여하여 특수교육대상 유아도 학급에 기여할 수 있는 기회를 마련한다.

우리 반 의미있는 역할

◇ 특수학급에서의 학급회의

병설유치원 특수학급은 3~5세의 연령이 혼합되어 배치된다. 통합교육을 지향하지만, 각 연령별 일반학급에 배치되어 있으면 몸이 한 개뿐인 특수교사는 어쩔 수 없이 특수학급에서의 개별화 교육계획을 진행하게 되는 경우가 생긴다. 나 또한 그런 상황에서 특수학급에 있는 시간이 많아지면서 특수학급만의 학급 규칙을 아이들과 세우기 시작했다. 학급회의는 최대한 짧고 단순하게 진행했다. 학급에서 해결책을 찾아가는 과정에서 유아들이 제안하고 회의하면서 다음과 같이 적용하였다.

배움의 이유	또래와 협력하고 협동하는 기회를 제공하여 서로에 대한 이해와 존중을 배울 수 있다. 또한, 학급내 모든 구성원이 존중받을 수 있도록 규칙을 함께 세운다.

활동 흐름	
◎ 활동 시작 및 전개 **– 그림책 『모두를 위한 케이크』 읽기** : 그림책 『모두를 위한 케이크』를 읽어보고 학급 구성원 모두가 케이크를 나눠 먹을 수 있는 방법에 대해 이야기 나눈다. ·케이크에 필요한 재료 알아보기 ·학급에서 서로가 협력하고 기여할 수 있는 방법에 대해 알아보기 **– 학급회의 하기** : 학급회의를 통하여 유아들이 주도적으로 의견을 제시하고 해결 방법을 탐색하는 기회를 제공한다. 그 과정에서 서로 돕고 격려할 수 있다. ·학급회의 안건 올리기 ·해결하기 ·학급 규칙 세우기 ·감사 나누기 『학급긍정훈육법 - 실천편, 활동편』에서 자세한 활동 방법 참고 ◎ 놀이활동 확장 – 학급회의를 처음에는 교사가 주도하여 진행한다. 안건 선정 및 해결 방법의 예시를 교사가 보여줌으로써 학급회의에 유아들이 친숙할 기회를 제공한다.	학급회의하기 i 학급회의하기 ii  감사 나누기 iii

◆ 우리 함께 가기

통합학급에서는 장애 유무를 떠나 모든 유아가 행복하게 지내기 위하여 서로가 서로를 진정한 친구로 인식하고 함께 나아가는 것이 필요하다. 교사와 유아 모두가 함께 나아가기 위해서는 감사나 격려를 나누는 경험이 필요하다. 유아들의 용기가 자라날 수 있도록 격려 현수막을 학급 칠판에 게시한 뒤 '친구 대장'(학급의 어려운 친구가 생기면 해결해 주는 역할)을 매일 돌아가며 선정하여, 그들이 선택한 격려의 말을 교사 두 명이 모든 유아에게 격려의 말을 전하고 안아주는 방식으로 진행하였다. 격려가 유아들에게 깊은 영향을 미칠 수 있도록, 이를 격려 샤워 활동으로 확장하였다. 글자를 읽지 못하는 아이들과 어떻게 활동을 진행할지 고민했지만, 본인이 선택한 격려의 말이 아니더라도 매일 아이들에게 격려나 감사의 말을 해준다면 아이들이 느끼는 변화는 동일할 것이라 생각하였다. 아이들이 격려의 말을 듣는 것도 부끄러워하고, 포옹하는 것도 낯설어했지만, 한 달 동안 반복되다 보니 점차 익숙해지고, 격려를 받은 마음이 교사에게도 전해졌다.

그림책과 '상처받은 영대', '좋은 발견자' 활동을 연계하여 학급에서 우리가 함께 나아갈 수 있는 기회를 만들었다.

나는 긍정훈육과는 거리가 먼 사람이었다. 책에서 만나던 아이들을 현장에서 마주하니 버거웠고, 매일 아이들과 힘겨루기를 하며 보냈던 단호하고 무서운 교사로 지냈다. 장기적으로 벌과 단호함은 효과가 없다는 것을 알았지만, 그 방법밖에 몰랐다.

◇ 좋은 발견자

배움의 이유	유아들이 서로를 도와주며, 협력과 도움에 감사할 수 있는 기회를 제공한다.

활동 흐름

◎ 활동 시작 및 전개

– 그림책『감사해요』읽기

: 그림책『감사해요』를 읽어보고, 교실에서 감사한 일에 대해 이야기 나눈다.

· 주인공이 감사한 이유 알아보기

· 교실에서 우리가 감사한 것들에 대해 이야기 나누기

– 좋은 발견자

: 유아들이 서로에게 도움이 되는 행동을 의식할 수 있도록 하고 서로 감사를 주고 받는 경험을 한다.

· 좋은 발견자 되기

· 우리 반의 감사 게시판 만들기

◎ 놀이활동 확장

– 학급회의에 감사 나누기와 함께 확장하여 진행할 수 있고, 격려 현수막을 통해서 기회를 제공할 수 있다.

– 동요 '다섯글자 예쁜말' 과 연계하여 학급 격려현수막을 제작할 수 있다.

격려 현수막

◇ 상처받은 영대

배움의 이유	또래의 말과 비언어적 태도로 인해 "영대의 날"을 보내게 되는 유아의 마음을 이해하고 이를 성찰할 수 있는 기회를 마련한다.

활동 흐름

◎ 활동 시작 및 전개

– 그림책 '핑!' 읽기

: 그림책 핑을 읽어보고, 친구와 핑–퐁을 주고 받은 경험 이야기 나눈다.

– 상처받은 영대

: 환영받지 못하는 영대의 마음을 시각적으로 알아보고 생각과 느낌을 나누어 본다.

· 영대에게 상처가 되는 말 나누기

· 영대의 상처를 회복하는 말 나누기

상처받은 영대

활동 흐름	
· 영대의 상처 치료하기 (예시, 구겨진 영대에게 밴드 붙여주거나 그려주기 등) 『학급긍정훈육법 - 실천편, 활동편』에서 자세한 활동 방법 참고 ◎ 놀이활동 확장 – 영대를 교실 뒤편에 전시하여 유아들이 영대를 시각적으로 인식하게 한다. 또한 상처받은 영대를 가려주고 꾸며주는 협동 미술 활동으로 확장할 수 있다.	

동료 특수교사의 권유로 학급긍정훈육을 배우게 되었지만, 그 과정에서도 큰 좌절감을 느꼈다. 과연 특수교육대상 유아에게 적용할 수 있을까 고민하였고, 공부하는 시간이 아깝다는 생각까지 들었다. 그럼에도 불구하고 격려수업[EC]과 부모 교육[PD] 공부까지 하고 있는 나를 발견하면서, 이렇게 학급긍정훈육에 빠져 있는 이유가 무엇일까 생각해 보았다. 당장 아이들을 바꿀 수 있는 기술을 배울 수는 없었지만, 학급긍정훈육의 철학을 통해 아이들과 교사인 나까지 변하는 기적 같은 경험을 하게 되면서 학급긍정훈육에 대한 확신을 가지게 되었다. PDC 교사로서 자신감이 생기게 되었다. 당장의 변화에 조급해하지 않고, 계속된 연습으로 체득할 수 있는 학급긍정훈육으로 나의 교육관과 태도를 자연스럽게 바꾸어 나갔다.

아직 특수교육과 유치원 통합교육 사이의 넓은 강에서 헤매고 있지만, 분명 PDC를 통해 징검다리를 놓고 특수교육과 유치원 통합교육을 자유롭게 뛰어다닐 수 있는 앞으로의 날을 기대한다.

2. 함께 하는 터 닦기 활동으로 만드는 건강한 우리와 우리 반

길을 헤매다

특수학급 담임을 하면서 크게 관심을 가진 두 가지는 '언어·수리 기초 소양 기르기'와 '협력적 소통 역량 기르기'이다. 이 중 '협력적 소통 역량 기르기'는 우리 반 아이들이 다른 사람과 함께 활동하고 생활하는 맥락에서 효과적으로 지도할 수 있는데, 특수학급은 아이들의 시간표가 서로 달라 수업 상황이 다양하고 개별화 교육계획을 운영하다 보면 모두가 참여하는 활동으로 수업하기가 쉽지 않다. 그래서 늘 '어떻게 우리 반 아이들이 특수학급에서의 경험을 통해 자신을 조절하고, 학급 구성원으로서 알맞은 행동이 무엇이며 그런 행동이 필요한 이유를 배울 수 있도록 지도할 것인가?' 그리고 '어떻게 교사가 아이 한 명 한 명을 존중하고 학부모님의 협력과 지지를 얻을 수 있는 방식으로 지도할 것인가?'하는 고민이 있었다.

PDC에서 길을 찾다

원격연수 사이트에서 '학급긍정훈육법'이란 강의명을 보고 '긍정'과 '훈육'이란 단어에 강하게 끌려 연수를 듣게 되었다. 강의를 듣고 이런 고민을 해결할 수 있는 정말 좋은 방법이라는 것을 알 수 있었지만, 강의의 내용은 비장애 학생들을 대상으로 한 것이어서 시간제 특수학급에서 장애 학생을 대상으로 어떻게 해야 할지 막막했다. 이때부터 PDC에 대해 더 많은 것을 배우면서 PDC 학급 운영을 하는 다른 특수교사 선생님들과 어려움을 나누거나 노하우를 배우며 우리 반 아이들이 할 수 있는 방법을 찾아 PDC 활동을 시작했다.

PDC로 연결하다

'특수학급에서는 대부분 국어와 수학 교과만 배우기 때문에 PDC 활동을 위한 시간을 마련하기가 쉽지 않았다. 그래서 일반 학교 교육과정의 국어 교과 성취 기준 중 PDC활동을 하며 달성할 수 있는 것을 선택하여 수업 시간을 확보하였다. 예를 들어 1~2학년 군에서 PDC활동이 가능한 성취 기준 찾아보면, '[2국 01-02] 바르고 고운 말로 서로의 감정을 나누며 듣고 말한다.',

'[2국01-03] 상대의 말을 집중하여 듣고 말 차례를 지키며 대화한다.', '[2국01-04] 자신의 경험이나 생각을 바른 자세로 발표한다.', '[2국02-04] 인물의 마음이나 생각을 짐작하고 이를 자신과 비교하며 글을 읽는다.' 등이 있다.'

◇ **우리가 바라는 반을 향해가는 유도선을 만들어요 – 가이드라인 만들기**

'터 닦기'를 가르칠 때 추천하는 순서[9]에 따라 가장 먼저 한 활동이 '동의와 가이드라인 만들기'였다. 아이들이 '가이드라인'이 무엇인지 이해하는 데 도움이 되도록 시각적 자료를 이용하고, 아이들과 함께 '가이드라인'을 만들었다. 이렇게 만들어진 가이드라인은 학급 운영과 아이들 지도에 일 년 동안 자주 사용하였다.

[수업의 흐름]

단계	내용
동기 유발	· '색깔 유도선'을 보며 학급 가이드라인이 무엇인지 알아보기
활동1	· 내가 바라는 우리 반을 만들기 위한 자신의 생각 발표하기
활동2	· 우리 반 가이드라인 정하기
활동3	· 우리 반 가이드라인 정리하여 템플릿 작성하기
정리	· 우리가 작성한 템플릿을 게시하고 약속하기

특수교육대상 학생 적용 Tip

— 색깔 유도선: 가이드라인이 무엇인지 이해를 돕기 위해 도로의 '색깔 유도선' 이용한다. 우리 반이 어떤 모습이었으면 좋겠는지 도착점을 정하고 색깔 유도선에 표시한다. 그리고 자동차처럼 우리도 색깔 유도선을 따라 가면 '즐거운 우리 반'(이전 시간에 아이들이 정한 '우리의 바람')에 도착할 수 있으며, '선을 따라 운전하기'와 같은 것이 '우리가 정한 말과 행동을 실천하는 것'임을 알려준다.

— 보기(낱말 카드, 그림 카드): 재미있는 우리 반을 만들기 위해 할 수 있는 여러 가지 말과 행동의 보기(낱말

카드)를 만들어둔다. 아이들은 생각이 나지 않을 때, 보기를 참고하여 자신이 중요하다고 생각하는 것을 선택하고 발표한다. 글씨 쓰기가 어려운 학생에게는 그림으로 보기를 주고 이 중에서 자신이 원하는 것을 선택하게 한다.

또한 재미있는 우리 반을 만들기 위해 '자신의 생각 발표하기'와 '가이드라인 정하기', '가이드라인 정리하기'를 하기 전에 우리가 할 수 있는 여러 가지 말과 행동 구분 하기 활동을 먼저 한다. 보기(낱말 카드)에서 자신이 할 수 있는 것 또는 해야 한다고 생각하는 말과 행동을 하나씩 선택하여 포스트잇에 쓰고 글씨 쓰기가 어려운 친구는 그림을 붙인다.

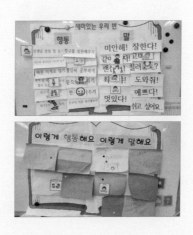

— 태블릿 PC: 아이들이 태블릿 PC를 사용하면 종이에 쓸 때 보다 더 관심을 갖고 집중 하기 때문에 함께 정한 가이드라인 템플릿을 작성할 때 태블릿 PC를 이용했다. 각자 정해진 가이드라인 중 하나를 태블릿 PC로 구글 문서에 입력하여 출력한 후 아래와 같이 붙여 교실에 게시한다. 글씨를 쓰지 못하는 친구는 자신이 선택한 그림을 구글 문서에 입력한다.

◇ 나를 알아차리고 조절하기 위해 순간에 집중해요 – 침묵과 고요

자폐 성향의 학생들 중에는 감정 기복이 큰 학생들이 있는데 우리 반 아이들 5명 중 3명이 갑자기 기분이 나빠지면 큰소리로

울거나 짜증을 내곤 했다. 특별히 평소와 다른 일이 없었기 때문에 감정 기복의 이유를 짐작하기 어려운 경우도 많았다. 이때 수업에 방해되지 않게 작은 소리로 10부터 1까지 숫자를 거꾸로 세고 조용히 침묵하는 시간을 주면 도움이 되었다. 그래서 흥분했을 때 아이들이 침묵하며 자신의 감정을 살피고 마음을 편안하게 할 수 있도록 평소에 꾸준히 연습하기로 했다. 연습하기 전에 침묵에 대해 생각해 보고 침묵하며 자신을 깊게 살펴보는 경험을 할 수 있는 수업을 했다.

[수업의 흐름]

단계	내용
동기 유발	· 『침묵 게임에 초대합니다』 그림책의 표지 퍼즐 완성하기 · 우리가 읽을 책의 제목 파악하기
활동1	· 『침묵 게임에 초대합니다』 그림책을 읽고 내용 파악하기
활동2	· 침묵 게임하기
활동3	· 자신이 들은 소리나 느낀 점 나누기
정리	· 침묵 게임이 가장 필요한 시간을 찾고 함께 할 것을 약속하기

특수교육대상 학생 적용 Tip
— 침묵 표지판: 침묵 표지판을 만들어서 침묵 게임 시간

에 침묵을 지키지 못하는 학생이 있으면 교사가 그 앞에 가서 아무 말도 하지 않고 침묵 표지판을 보여준다. 또한 침묵 게임을 제안할 때도 사용한다.

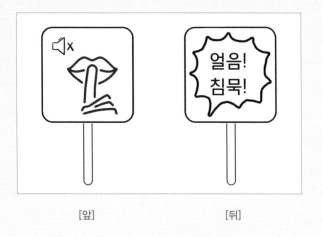

[앞]　　　　　　　　　[뒤]

— 안대, 마스크: 침묵을 지키기 힘든 학생은 본인이 원하면 도움이 되도록 안대나 마스크를 사용할 수 있다.

— 타이머 리셋하지 않기: 타이머를 이용하여 처음에는 10초, 20초, 30초 이렇게 시간을 늘려가며 침묵을 유지한다. 이때 학생 중에 침묵 유지하기가 어려운 학생이 있어 목표한 시간을 채우지 못하는 경우 다시 처음으로 되돌아가서 시작하면 재미가 없고 실패 경험만 쌓이므로 학생이 침묵을 깨면 타이머를 멈췄다가 침

묵이 다시 시작되면 멈췄던 시간에서 카운트를 다시 시작한다.

— 효과음 사용: 수업 중에 교실 위치상 주변에서 뚜렷하게 들리는 소리가 없다면 아이들이 침묵하고 있을 때 새소리, 자동차 달리는 소리 등의 효과음을 들려준다. 이때 우리 반 아이들 중 몇몇이 자동차에 관심이 많아서 자동차 달리는 소리를 이용했다. 이와 같이 가능하다면 소리에 집중하기 어려워하는 아이가 좋아하는 소리를 효과음으로 들려주면 그 아이도 활동에 참여하는데 도움이 된다.

◇ 잘 듣기 위해 우리의 듣기 기술을 익혀요 – 그룹에서의 경청

일반교육과정 1학년 교과서에 듣기와 말하기의 바른 자세를 배우는 차시가 있지만 정작 우리 반 학생들은 바른 자세로 들어야 할 필요성을 느끼지 못했다. 보통 교사나 친구가 말할 때, "잘 들어보세요. 선생님이 친구들이 뭐라고 말했는지 물어볼 거예요."라고 말하면서, 집중해서 듣도록 유도하지만, 다른 사람의 말을 잘 안 듣는 학생은 변화가 별로 없었다. 그래서 PDC 활동 중 아이들이 상대방의 말을 귀 기울여 들어야 하는 필요성을 느끼는 것에 초점을 맞춘 수업을 했다.

[수업의 흐름]

단계	내용
동기 유발	·'내 말을 전해 줘!' 그림책을 읽고 말이 잘 전달되지 않은 까닭 알아보기
활동1	·동시에 말하기 역할극 하기
활동2	·말 덧붙이기 놀이하기
정리	·잘 듣기 위한 방법을 정리하고 실천할 것을 약속하기

특수교육대상 학생 적용 Tip

— 그림책에 밑줄 스티커 붙이기와 보기로 그림 보여주기: 그림책을 반 아이들과 같이 본 후 교사가 책 내용을 물어보면 아이들이 기억하여 말하기 어려워서 답이 되는 문장에 밑줄 스티커를 붙여서 바로 찾아 읽을 수 있게 한다. 그리고 활동 1에서 친구들의 말을 잘 듣고 이야기 나누려면 어떻게 해야 하는지 물음에 답할 수 있도록 '선생님의 말씀을 바른 자세로 듣는 아이와 그렇지 못한 아이가 있는 그림을 보기로 제시한다.'

— AAC 의사소통 어플리케이션 또는 그림 한글: 발화가 어려운 아이의 경우 주말에 있었던 일을 이야기할 때, AAC 의사소통 어플리케이션이나 그림 한글의 기능 중 그림으로 표현한 이야기를 음성으로 읽어주는 기

능을 사용해 참여한다. 또한 말 덧붙이기 놀이를 할 때에도 친구들이 낱말 하나씩 말하면 발화가 어려운 아이는 의사소통 어플리케이션을 이용해 자신이 선택한 낱말 하나를 덧붙이도록 한다.

— 씽킹 보드: 말 덧붙이기 놀이를 할 때 앞 친구가 이야기한 것을 기억하기 어려워하는 아이는 친구들이 말한 것을 씽킹 보드에 순서대로 적고 자기 차례가 되었을 때 보면서 참여한다.

— 마이크: 말 덧붙이기 게임을 할 때 자기 차례가 되어 말하는 사람에게만 마이크를 주어 마이크가 없는 아이들은 듣기만 하도록 토킹 스틱으로 사용한다. 실제 소리가 크게 울리는 마이크를 사용하면 아이들이 크게 들리는 자신의 목소리를 재미있어 하며 잘 참여한다.

◇ 신뢰할 수 있으며 안전한 우리 반 환경을 위해 존중하고 격려해요 – 상호 존중과 격려

우리 반 아이들도 '부정 편향 현상'으로 긍정적인 언어 표현보다 욕이나 비난처럼 부정적인 언어 표현을 더 빠르게 배우고 사용하는 경우가 종종 있다. 그럴 때는 평소에 바른 말을 사용하고 상대방의 기분을 생각하며 말하도록 지도하지만 교사가 함께하

는 상황이나 수업 시간에는 조심하다가도 실생활에서는 아이들 간에 부정적인 언어 표현이 줄지 않아 어려움이 있었다. 그런데 PDC 학급 운영을 하며 아이들에게 부정적인 말이 상대에게 어떤 영향을 주는지 직접 경험해 볼 기회와 긍정적인 언어 표현을 상황에 적절하게 사용하는 연습이 부족했음 발견했다. 그래서 부정적인 말이 상대에게 미치는 영향을 시각적으로 보여주는 '상처받은 영대' 활동을 한 후 나는 친구들에게 어떤 말이 하고 싶은지 생각해 보고 격려의 말 나누기를 연습하는 수업을 하였다.

[수업의 흐름]

단계	내용
동기 유발	·『솔직하면 안 돼?』 이야기를 듣고 말이 내 주위 사람들에게 미치는 영향 알아보기 · 나는 어떤 말을 하고 싶은지 발표하기
활동1	· 여러 가지 격려의 말 알아보기
활동2	· 격려의 말 모음집 만들기
정리	· 격려의 말 모음집을 보고 격려 주고받기

특수교육대상 학생 적용 Tip
— 그림책『솔직하면 안돼?』이용하기: 저학년 특수학급

학생들에게 '상처받은 영대' 이야기가 길고 '전학'의 뜻을 모르는 친구들이 많아서 『솔직하면 안돼?』라는 그림책을 읽고 이야기를 나누는 활동으로 바꾼다. 이 책의 주인공은 너무 솔직하게 말해서 주변 사람들에게 상처를 주는데, 이런 말을 할 때 '상처받은 영대' 활동처럼 종이 인형을 구겨서 보여준다.

— 격려의 말을 알아볼 때 그림책 활용: 여러 가지 격려의 말에 대해 브레인스토밍을 할 때, 특수학급 저학년 학생들은 스스로 생각해서 발표하기 어려우므로 글자를 읽을 수 있는 학생에게는 격려의 말이 나오는 여러 가지 그림책(『주문을 걸어봐』, 『아마도 너라면』, 『내가 듣고 싶은 말』, 『다정한 말·단단한 말』)을 학생당 한 권씩 주고 그 책 안에서 찾게 한다.

— 보완 대체 의사소통 그림 이용: 글씨를 읽고 쓰기 어려운 학생에게는 여러 가지 격려의 말 그림을 주어 자신이 선택할 수 있게 한다.

— 입술 책 만들기: '격려의 말'과 어울리게 입술 모양의 책을 만들어 '격려의 말 모음집'을 만들고 목에 걸어 서로 격려할 때 보고 할 수 있도록 한다.

(출처: 도연이네 북아트 & 조샘과 만들기)

— 자신이 듣고 싶은 '격려의 말' 보여주기: 우리 반 학생
들은 입술 책에 자신이 듣고 싶은 격려의 말이 적힌 부
분을 펴서 보여주는 것이 어려워한다. 그래서 포스트
잇에 적은 후 입술 책 맨 앞에 붙여 자신이 듣고 싶은
격려의 말을 상대 친구가 잘 보고 말할 수 있게 한다.

— 글씨 읽기가 어려운 친구를 위해서 포스트잇에 자신
이 듣고 싶은 격려의 말 옆에 그림도 붙여서 그 친구는
그림의 동작을 따라 하거나 그림을 보고 힌트를 얻어
격려의 말을 한다.

3. 소속감과 자존감으로 자라는 교실

길을 헤매다

PDC를 만나기 전, 나는 '단호함'을 넘어 '무서운 교사'였다. 특수교사로서 생활 지도, 학습 지도, 부적응 행동 지도까지 완벽해야 최고의 교사라고 믿었다. 말 한마디 없이도 눈빛만으로 학생들을 통제하며 스스로 만족했던 시절이 있었다. 그러나 아이들의 변화는 오래가지 않았고, 통제가 어려울수록 점점 더 무서운 교사가 되어야 했다. 어느새 친절함이 어색한 교사가 되어 있었다.

어느 날, 졸업생을 우연히 만났을 때, 반가움보다 '나를 피하면 어떡하지?'라는 불안한 생각이 스쳤다. 이때, '무서운 교사'로 기억되는 내 모습이 부끄러웠다. 그러다 PDC를 만나고 통제가 아닌 존중과 협력을 통해 학생들과 관계를 맺는 방법을 배우게 되었다. 나는 친절함과 단호함의 균형을 맞추며 학생들의 자발적인 변화를 이끌고, 학급의 긍정적인 변화를 만들 수 있음을 깨달았다.

PDC에서 길을 찾다

1년 6개월 동안의 육아휴직을 마치고, 2학기가 시작되는 9월에 새 학교에 복직했다.

"선생님, 아이들이 많고, 수업 시간에 가만히 앉아 있지 못하는 아이들뿐이라 수업을 전혀 진행할 수 없었어요. 다치지 않고 안전하게 돌보는 일이 가장 중요했어요."

복직 전 인수인계를 맡은 선생님에게서 전해 들은 말이었다. 1학년부터 6학년까지의 특수교육대상 학생 9명이 있는 과밀학급에는 감정 조절이 어려워 갑자기 화를 내며 욕을 하는 아이, 수업 중에는 잠시도 가만히 앉아 있지 못하는 아이, 교사의 관심을 받기 위해 계속 말을 하는 아이, 그리고 목소리를 거의 들을 수 없는 조용한 아이가 있었다. 선생님의 깊은 한숨에서 그동안의 어려움이 고스란히 느껴졌다.

PDC를 만나기 전의 나였다면, 아이들을 만나기 전부터 걱정과 불안으로 가득 차서 보이지 않는 기싸움에서 이기기 위해 안간힘을 썼을 것이다. 하지만 이번에는 달랐다. 아이들 한 명 한 명에 대한 이야기를 들으면서, 걱정보다 "이렇게 다양한 아이들이 모여 있다고? 재밌는데!"라는 생각이 먼저 떠올랐다. 지금 돌이켜보면, 그 때 그런 용기가 어디서 왔는지 잘 모르겠지만, 아마도 학급긍정훈육을 통해 아이들과 나, 모두가 행복해질 수 있다는 확신이 있었기 때문인 것 같다. 우리의 첫 만남과 함께 PDC 학급으로의 여정이 시작되었다.

PDC로 연결하다

◆ 자존감과 소속감 회복하기

[동의와 가이드라인]

많은 교사들은 새 학기가 시작되면 학급 세우기에 많은 시간을 투자한다. 이는 학기 초에 학급 생활의 기초를 튼튼히 다지면, 한 해를 더욱 수월하게 이끌 수 있다는 경험에서 비롯된 것이다. 특히, 나는 PDC 학급을 세우는 데 있어 동의와 가이드라인이 가장 중요한 요소라고 생각한다. 대부분의 특수학급에는 학급 규칙이 존재하지만 교사가 일방적으로 제시하는 규칙과 달리 PDC에서는 동의와 가이드라인을 통해 학생들이 학급 생활에 필요한 규칙을 함께 만들어가는 데 중점을 둔다. 이를 통해 학생들은 학급에서의 소속감과 책임감을 키울 수 있다.

『학급긍정훈육법 활동편』에서는 '학기 초 가이드라인 만들기' 템플릿을 제시하고 있다. 다음의 절차는 자신의 생각이나 감정을 말이나 글로 표현하기 어려운 학생들을 위해 수정된 것으로, PDC의 동의와 가이드라인 만들기 과정을 세분화하여 보다 쉽게 접근할 수 있도록 구성되어 있다.

◇ 'ㅇㅇ반에 오면 이런 기분이에요.

ㅇㅇ반이 이런 반이었으면 좋겠어요.' 생각 나누기

'ㅇㅇ반에 오면 이런 기분이에요'는 두 번째 생각 나누기를 위한 연결 활동으로 활용하였다. '내가 바라는 우리 반의 모습'이라는 질문은 추상적이어서 즉답하기 어려울 수 있지만, 평소 특수학급에 대한 생각을 나눈 후에는 두 번째 질문에 조금 더 쉽게 접근할 수 있다.

"내가 바라는 우리 반의 모습은 무엇인가요? 우리 반이 어떤 반이 되었으면 좋겠어요?"

"친절한 반이요."

"재미있는 반이요."

학생들에게 포스트잇을 한 장씩 나누어 각자의 생각을 적도록 하였다. 한글을 모르는 학생들은 그림 감정카드를 사용하여 자신의 생각을 표현할 수 있도록 하였다.

◇ '들으면 기분 좋아지는 말과 속상해지는 말' 이야기 나누기

가이드라인의 '이렇게 말해요/이렇게 행동해요'를 정하기 위한 사전 활동으로, 들으면 기분 좋아지는 말과 속상해지는 말에

대해 이야기 나누었다. 이 활동에 앞서 '말(언어)'과 관련된 그림 책을 읽으며 생각을 깊게 해보는 과정을 거치면 학생들이 조금 더 쉽게 참여할 수 있다.

◇ 우리 반의 가이드라인 함께 말하고(학생), 쓰기(교사)

위에서 나온 이야기를 정리하여 '이렇게 말해요/이렇게 행동 해요'로 나누어 칠판에 적었다. 이때 '~하지 않기'보다는 '하기' 로 작성하여 긍정적인 행동을 명확하게 제시하는 것이 좋다. 이 과정에서 학생들과 함께 정한 가이드라인을 읽어보며 '지키기 어려운 것은 없는지, 바꾸어야 할 말은 없는지' 질문하며 동의하 는 과정을 거쳤다. '동의'의 과정 또한 가이드라인에서 매우 중 요한 단계이다. 이를 통해 학생들은 우리가 함께 정한 가이드라 인에 대한 책임감을 가지게 될 것이다.

◇ 함께 만든 가이드라인 게시하기

교실에 게시할 수 있도록 가이드라인 꾸미기 활동을 진행하 였다. 글씨를 읽거나 쓰는 것이 어려운 경우 간단한 그림으로 제 시할 수 있다. 완성된 가이드라인에는 '동의한다'는 의미로 사인 을 하고, 잘 보이는 곳에 게시하였다.

◇ 실천하기와 되돌아보기

가이드라인을 만든 후 학생들은 자연스럽게 '이렇게 말해요'

에서 나온 격려의 말을 많이 사용하는 모습을 볼 수 있다. 또한 교사는 학생들이 긍정적인 행동을 할 때 가이드라인을 활용하여 격려할 수 있다. "○○이가 큰소리로 대답해 주었어요. 고마워요."라고 말하며 해당하는 문장을 가리킨다. 반대로 가이드라인에 어긋나는 행동을 한다면, "우리 반 가이드라인은 무엇이었죠?"라고 말하며 해당 문장을 가리킬 수도 있다. 무엇보다 가이드라인은 지속적으로 확인하고 점검하는 시간이 필요하다. 우리 반의 경우, 일주일에 한두 번 학생 모두가 모이는 시간에 가이드라인을 함께 읽고 스스로를 돌아보는 시간을 가지기도 했다. 가이드라인을 만들고 실천하며, 이것이 학생들을 존중하고 행동의 변화를 일으킬 수 있는 가장 기본적인 방법임을 알게 되었다.

[의미 있는 역할 정하기]

동의와 가이드라인과 더불어 '의미 있는 역할'도 새 학기에 꼭 필요한 활동이다. 처음 '의미 있는 역할'을 접했을 때는 기존의 학급에서 실시하는 1인 1역과 큰 차이를 느끼지 못했다. 그러나 실제로 학급에서 '의미 있는 역할'을 적용해 보면서 소속감과 자존감을 길러주는 활동임을 깨닫게 되었다. 특히, 스스로 학급을 위해 할 수 있는 일을 찾아보며 역할을 정하는 과정을 통해 학생들은 소속감을 얻고, 자신의 맡은 역할을 수행하며 다른 사람을 위해 기여하는 과정을 통해 자존감을 얻는다.

◇ **'우리 반을 위해 내가 할 수 있는 일' 브레인스토밍**

특수학급에는 장애 유형과 정도가 다양한 학생들이 모여 있다. 그중 우리 반에는 특수교육 지원 인력의 전반적인 지원이 필요한 중증의 자폐성 학생인 1학년 막내 현서(가명)가 있다. '현서는 어떤 역할을 하면 좋을까?' 고민하며, 학생들과 역할 브레인스토밍을 하고 있던 중 학생들이 먼저 제안해 주었다.

"선생님! 현서는 인사를 잘하니까, 인사하는 역할을 하면 어떨까요?"

정말 반가운 제안이었다. 타인과 상호작용을 거의 하지 않던 현서는 특수학급에 오면 형, 누나들에게 인사하는 연습을 하고 있던 때였기에, 현서에게 잘 어울리는 역할이었다. 학생들은 이미 '의미 있는 역할'에서 중요한 것이 무엇인지 파악한 것 같았다. 장애의 유형과 정도에 관계없이 모든 아이들이 우리 반을 위해 자신에게 주어진 역할을 통해 기여할 수 있다는 것! 그리고, 그것은 모두를 존중하는 방식이며, 이를 통해 소속과 자존감을 얻게 한다는 것! 브레인스토밍하는 과정마저 함께 성장하고 있다는 느낌이 들었던 순간이었다.

◇ **역할에 특별한 별칭 만들기**

역할 브레인스토밍이 끝난 후, 재미있고 특별한 별칭을 붙인다. 처음부터 역할을 잘 표현하는 별칭을 생각해 내는 것이 쉬운 일은 아니었다. 이 역할이 무엇을 하는지 구체적으로 이야기 나누어 보고, 몇 가지 재미있는 예시를 들어주기도 한다. 매년 학생들의 아이디어가 더해져서 생각지도 못한 역할이 생기기도 하고, 한 가지 역할에 다양한 별칭을 제안하여 투표하기도 했다. 우리 교실에는 활동지나 안내장을 나누어주는 역할인 '초콜릿'이 있었는데 '네모난 초콜릿을 조금씩 떼어 나누어 준다'는 의미로 설명해 주어 다른 학생들에게 가장 많은 투표를 받아 선정되었다. 역할에 특별한 별칭이 생기고 나면, 그 역할이 필요할 땐 서로의 별칭을 부르며 즐거워하는 모습을 볼 수 있다.

◇ **나의 역할 소개하고 다짐하기**

역할이 다 정해지고 나면, 다른 학생들 앞에서 나의 역할을 소개하고, 역할에 대해 나의 다짐을 발표하는 시간을 갖는다. 학생들은 이 시간을 너무 좋아한다. 자신이 맡은 역할을 자랑스러워하며 뿌듯해하는 모습을 볼 수 있다.

◇ **역할 점검하기와 바꾸기**

역할을 정하다 보면, 모든 학생이 하고 싶은 역할이 있다. 특히, 우리 반에는 외부 강사님들이 오셔서 수업하는 경우가 가끔 있는데 이때, 학급 반장처럼 학생들 대표로 "선생님께 인사!"라고 말하는 역할이 필요했다. 모두가 하고 싶어하는 역할이라 모든 학생이 한 달에 한 번 돌아가면서 할 수 있도록 정했다. 또한, 매달 역할을 바꾸어 가며 1년 동안 모든 역할을 경험할 수 있도록 했으며, 혼자 역할을 수행하기 어려운 학생의 경우, 두 명이 함께 하기도 했다. 특수학급은 정해진 교과나 특별한 활동 시간에만 오는 곳이라 처음 의미 있는 역할을 정했을 때 학기 초에는 잘 진행되다가 흐지부지 끝나는 일이 많았다. 그래서 일주일에 한두 번이라도 역할을 수행하면 동그라미 할 수 있도록 역할 점검표를 만들어 교실 앞에 게시했다. 이번 달에는 자신이 어떤 역할인지, 언제 했는지를 직접 표시하면서 스스로 격려받을 수 있다.

♦ 자기 조절을 위한 감정 프로젝트

우리 반에는 감정 조절이 어려운 학생들이 많았다. 화가 나면 욕을 하거나 물건을 던지는 등 감정이 폭발하고 공격적인 행동을 보이는 학생, 혹은 자신의 부정적인 감정을 표현하지 못하고 책상 아래로 숨어서 나오지 않는 학생도 있었다. 감정을 표현하는 방법도 제각각 달라서 특수학급 안에서도 갈등이 많았다. 그래서 아이들과 만난 후, 가장 먼저 했던 활동은 '자기 조절을 위한 감정 프로젝트'였다. 먼저, 감정과 관련된 다양한 그림책을 선정하여 함께 읽었다. 그 후, 각자 느낀 감정에 대해 경험을 나누고, 그림 그리기나 만들기 등의 표현 활동을 통해 감정을 나타내볼 수 있도록 했다.

학생들이 표현하는 모든 감정은 있는 그대로 모두 소중하며 존중받아야 한다. 특히, 화, 두려움, 슬픔 등 불편한 감정을 느꼈을 때, 자신이 현재 느끼는 감정이 어떤 감정인지 알고, 감정을 건강하게 표현하는 방법을 가르치는 것이 매우 중요하다. 우리 반에는 화를 다루기 어려워하는 학생들이 많아 화가 났을 때, 소리를 지르거나 욕을 하며, 다른 사람을 공격하는 대신, 감정을 건강하게 표현할 수 있는 새로운 기술을 여러 가지 활동을 통해 가르치기 시작했다.

[기쁜, 슬픈, 화난, 두려운]

이 활동은 『*Positive Discipline for Early Childhood Educators*』에 소개된 내용으로 '감정 단어'를 확장 시켜 학생들이 자신의 감정과 요구를 정확하게 자신의 언어로 전달할 수 있도록 돕기 위한 활동이다. 평소 학생들과 주말 보낸 이야기나 체험학습에 관한 이야기 등을 나누며 그 때 느꼈던 감정에 대해 물어보면 '좋아요, 재미있어요.' 또는 '싫어요.' 등 매우 제한적인 표현을 사용했다. 그래서 이 활동을 통해 자신의 다양한 감정을 인식할 수 있도록 네 가지 기본적인 감정(기쁜, 슬픈, 화난, 두려운)을 바탕으로 자신의 감정을 더 풍부한 감정 단어로 확장할 수 있도록 하였다.

◇ 전지에 사분면을 그리고, 각 사분면에 '기본' 감정 단어인 '기쁨, 슬픔, 화남, 두려움' 쓰기

이 활동 전에 「감격해 카드」의 감정카드나 감정에 관련된 그

림책을 통해 '기쁨, 슬픔, 화남, 두려움'의 감정을 느껴 본 경험이나 상황에 관해 이야기 나누며 학생들이 감정을 인식할 수 있도록 하는 것이 좋다.

◇ 각 기본 감정에 대해 일반적으로 동일한 감정을 나타내는 다른 감정들을 브레인스토밍하기

「감격해 카드」를 모두 펼친 후, 기본 감정과 일반적으로 동일한 감정을 나타내는 감정을 찾을 수 있도록 쉽게 변형하여 진행하였다. 예를 들면, '화난'이라는 감정은 '성난, 짜증 나는, 분노하는' 등의 단어로 표현할 수 있는데 이러한 감정카드는 '화남'이라는 사분면에 붙일 수 있도록 하였다. 「감격해 카드」에는 그림이 함께 제시되어 있어서 한글을 읽지 못하는 학생들도 쉽게 찾을 수 있었다.

◇ 오늘의 감정 찾기

네 가지 사분면이 완성되면 오늘(혹은 지금)의 감정 단어를 찾아 한 문장 감정일기를 쓰도록 하였다. 그리고 완성된 감정 단어 목록은 교실 벽면에 붙여 놓고, 감정일기, 감정 체크인 등의 활동과 연계하여 자신의 감정을 알아차리고, 감정 언어로 표현할 수 있도록 지속적으로 지도하였다. 놀랍게도 화가 나는 감정을 조절하지 못했던 몇몇 학생들이 자신의 감정을 알아차리고 말로 표현하기 시작하면서 스스로 다루기 어려웠던 감정들도

조절하는 모습이 보이기 시작했다.

[감정 체크인]

매일 아침, 수업 시작 전에 학생들이 자신의 감정을 인식하고, 그 감정을 구체적인 단어로 표현하며 서로 공유하는 감정 체크인 활동을 진행했다.

◇ 감정 단어에서 오늘의 감정 고르기

아침에 학생들이 등교하면, 그날의 감정 단어를 자신의 사진과 함께 붙이도록 했다. 또 학교에서 하루를 보내며 감정의 변화가 있을 때는 언제든지 바꿀 수 있음을 안내하였다.

은수(가명)는 아침에 잠을 더 자고 싶었는데 엄마가 깨워 짜증이 난다며 투덜거리며 '짜증 난다.' 감정 단어를 골라서 붙였다. 그리고, 4교시에 통합학급에서 친구들이 자기가 그린 그림을 보며 '엄지척'을 해주었다며 신나게 교실에 들어왔다.

"감정 단어 지금 바꿔도 돼요?"

은수는 얼른 '기대된다'라는 감정 단어를 바꿔 붙였다. 그 이유를 물어보니, 내일 친구들이 자기가 그린 그림을 보고 뭐라고 말할지 기대된다고 했다. 자신의 감정 변화를 알아차린 것이다.

학생들은 감정 체크인을 하면서 자연스럽게 어젯밤이나 오늘

아침에 있었던 일들에 대해 이야기한다. 특히, 화가 나거나 속상한 일을 겪고 등교한 날에는 일일이 캐묻지 않아도 대화를 이어갈 수 있다. 학생들은 자신의 감정에 이름을 붙이고 표현하는 것만으로 표정이 밝아지기도 한다. 때로는 부모, 형제, 친구와 끊어진 마음의 연결 고리가 감정 체크인을 통해 다시 연결되는 것을 느낄 수 있었다.

◇ 감정 단어로 한 문장 일기 쓰기

국어 활동과 연계하여 감정 단어로 한 문장 일기를 지속적으로 쓰게 했다. 감정일기를 통해 학생들은 감정에 대해 구체적이고 명확한 언어를 사용하여 표현하고, 이를 통해 자기 경험을 이해하며, 감정을 인식하며 받아들이게 된다. 또한 각자의 이야기를 나누는 과정을 통해 학생들은 비슷한 상황을 경험하더라도 다른 감정을 느낄 수 있음을 알게 된다. 이렇게 다양한 방법으로 자신의 감정을 이해하고 표현하는 연습을 통해 다른 사람들의 감정에 공감하는 기술을 배울 수 있게 되었다.

[화를 푸는 방법 선택 돌림판 만들기]
그림책 『소피아의 화를 푸는 방법』 활용

특수교육대상 학생들이 스스로 가장 다루기 어려운 감정이 '화'가 아닐까 생각한다. 그래서 '화'를 다루는 방법에 대한 활동도 많이 있다. 그중에서도 『소피아의 화를 푸는 방법』이라는 그림책을 토대로 한 '화를 푸는 방법 돌림판 만들기'는 매년 함께 하는 활동이다.

◇ 그림책 『소피아의 화를 푸는 방법』 함께 읽기

『소피아의 화를 푸는 방법』은 『제라드의 우주쉼터』와 함께 어린이를 위한 긍정훈육 그림책이다. 이 그림책은 어린이를 위한 그림책이지만 '긍정훈육'의 다양한 이론과 기술을 다루고 있어 교사나 학부모도 긍정훈육을 이해하는 데 큰 도움이 된다. PDC의 다양한 활동은 그림책과 연계하여 진행하면 학생들에게 더 쉽고 의미 있게 전달될 수 있다.

◇ '화를 푸는 방법' 선택 돌림판 만들기

화가 난 소피아가 엄마의 제안으로 화를 푸는 6가지 방법을 찾아내고, 이를 그림으로 그려 '소피아의 화를 푸는 방법'이라는 이름 붙이게 된다. 소피아는 화가 나 마음이 엉킬 때마다 '소피아의 화를 푸는 방법'을 이용한다. 이 활동은 소피아처럼 '화를 푸는 방법' 선택 돌림판을 그리는 것이다. 처음 이 책을 읽어 주며 선택 돌림판을 그려 보자고 했을 때, 민재(가명)는 화를 냈다.

"이런 거 왜 해요? 안 해요. 유치하게….”
"그래…. 민재가 지금은 하고 싶지 않구나. 다음에 하고 싶을 때 할 수 있도록 칠판 앞에 둘게.”

이런 반응이 낯설지 않았기에 별일 아닌 듯 지나갔다. 그런데 며칠 후, 통합학급에서 우리 교실로 내려오면서 뛰어 내려오던 중 다른 형들이 뛰어 내려가는 바람에 다칠 뻔했다며 잔뜩 화가 난 얼굴로 들어왔다.

소파에 털썩 앉으며 "선생님, 지금 욕하고 싶은데 하면 안 되겠죠?"라고 했다. 자신의 화난 감정을 알고 참으려고 노력하는 모습이었다. 그간의 노력이 헛되지 않았음을 느끼며 안도하는 순간이었다. 그리고, 나를 한번 쳐다보고는 작은 목소리로 말했다.

"지난번에 했던 거…. 그거 한번 그려 볼게요."

민재에게 다시 한번 그림책을 읽어 주었고, 한참을 생각하며 '화를 푸는 방법' 선택 돌림판을 그렸다. 민재는 그림 그리기, 만들기가 화가 난 마음을 진정시키는 방법이라고 이야기해 주었다. 그 후로 민재에게는 아침에 학교에 오면 그림을 그리거나 만들기를 할 수 있는 시간과 재료를 충분히 제공했다. 평소 관찰력이 좋고, 손재주가 있었던 민재는 이 시간을 통해 자신의 강점을 더욱 개발할 수 있게 되었다.

◆ **격려와 감사 나누기**

[격려 테이크아웃 활동]

격려 테이크아웃 활동은 서클 타임에서 학생들이 가장 좋아하는 활동이다. 우리 반에는 격려의 말을 예쁜 현수막으로 만들어 걸어 두었다.

◇ 듣고 싶은 격려의 말 생각하기

게시된 '격려의 말'을 보고 각자 듣고 싶은 격려의 말을 생각하도록 한다. 다른 방법으로는 격려의 말이 적힌 격려카드를 카드가 보이지 않는 상자에 넣고, 한 명씩 뽑게 할 수도 있다.

◇ (다른 친구들은) 한 명씩 돌아가면서 격려의 말하기

한 명씩 돌아가면서 친구가 듣고 싶어 할 격려의 말을 해준다.

◇ '격려받았습니다' 또는 '감사합니다'로 대답하기

친구들이 들려준 격려의 말이 처음 생각한 격려의 말과 일치하면 '격려받았습니다.'로 대답하고, 일치하지 않으면 '감사합니다.'라고 대답한다. 이 활동을 하다 보면, 학생들은 친구가 듣고 싶어 하는 격려의 말을 맞추고 싶어 하기 때문에 3~5번 정도 기회를 주는 것도 좋다.

◇ 듣고 싶은 격려의 말 들려주기

듣고 싶은 격려의 말을 찾을 수도 있고 찾지 못했을 수도 있다. 그와 상관없이 맨 마지막에는 친구가 듣고 싶어 한 격려의 말을 다른 친구들이 큰 목소리로 들려준다.

"○○아, 넌 특별해."

"○○아, 넌 이미 아름다운 빛을 가지고 있어."

이 활동을 통해 서로의 마음에 연결 고리가 생겼고, 교사와 학생들 모두에게 기쁨과 위로를 선물하는 시간이 되었다.

[감사 나누기]

학급회의는 PDC의 꽃이라고 한다. 그중에서도 '감사 나누기'는 학급회의에서 첫 번째 순서로 학생들이 따뜻한 분위기 속에 서로 연결되도록 돕는 중요한 활동이다. PDC의 다양한 활동을 통해 소속감과 자존감, 자기 조절, 공감을 배웠다면 이제 누군가에게 '기여' 할 수 있는 학생들이 되도록 격려하고 싶었다. 매년 5월이면 '감사 프로젝트'라는 이름으로 부모님, 조부모님, 선생님, 학교에서 우리를 도와주는 분들에게 감사 인사를 전하는 시간을 가졌다. 그러나 '감사'는 특별한 날, 특별한 사람에게 하는 것이 아니라 일상 속에서 만나는 사람들과 그 속에서 일어나는 일들에 감사할 때 더 행복한 삶을 살 수 있다는 생각이 들었다. 그래서 '더 감사 프로젝트'라는 새로운 이름을 붙이고 감사를 주고 받는 방법과 일상생활 속에서 감사할 일들을 찾아가며 '감사'에 대해 더 깊이 들여다볼 수 있도록 하였다.

학교생활 중 감사한 일이나 사람이 떠오르면, 접착 메모지에 내용을 적어 감사 게시판에 붙이도록 했다. 또한, 일주일에 한 번 감사 인사를 나누며 서로의 고마운 마음을 전할 수 있는 시간을 마련했다.

매일 감사와 격려를 서로 주고받는 과정을 통해 학생들은 서로에게 도움을 주기 원했고, 협력으로 이어지게 되었다. 무엇보다 감사와 격려 나누기에서 중요한 것은 교사의 모델링이었다. 동료 교사와 감사의 말을 주고받을 때, 학생들의 긍정적인 행동에 주목하고 감사하며 격려할 때, 서로가 더 단단하게 연결되었고, 함께 성장해 가고 있음을 느낄 수 있다.

PDC를 만나지 않았다면, 우리 반 학생들과의 시간이 매우 힘들었을 것이다. 그러나 '긍정훈육'이라는 새로운 렌즈를 통해 학생들의 행동을 '자존감과 소속감을 얻기 위한 표현'으로 바라보게 되었다. 그 행동 속에 담긴 학생들의 목소리에 귀 기울이고, 공감과 격려를 통해 진정으로 연결되자, 아이들은 점차 자존감과 소속감을 회복해 갔다. 매일 학생들의 세계에 깊이 들어가 그들의 마음을 이해하고 공감하며 함께 성장하는 특수교사가 되고 싶다.

4. 실수로부터 함께 회복하기

길을 헤매다

입학할 때 숫자 1 밖에 모르던 아이가 10까지 알게 되고, 연필도 잘 잡지 못하던 아이가 자기 이름을 당당히 쓰며 짓던 미소들을 볼 때면 마음을 가득 채우는 기쁨과 보람을 느끼곤 한다. 그렇지만 다양한 특성을 가진 학생들을 만나며 매번 기쁘고 행복하기만 한 것은 아니었다. 다양한 특성을 가진 아이들이 어우러지는 학급이 평화롭고 안전하게 유지되기 위해서는 대학에서 배우지 못한 무언가가 필요했다.

교사로서 학습지도를 잘하는 것도 중요했고, 생활지도를 잘하는 것도 중요하다고 생각했다. 그러다 어느 날 텐드럼을 보이며, 어느 말도 어느 중재에도 반응하지 않고 몇 시간을 우는 학생을 달래기도 하고, 화도 내기도 했다. '내가 이렇게 애를 쓰는데, 내가 알고 있는 모든 것을 너에게 쏟아붓고 있는데 변화하는 것이 왜 이렇게 어려울까'라는 생각들이 들었다.

PDC에서 길을 찾다

◇ 무엇을 가르칠 것인가?

'교사로서 중요하다고 생각했던 원칙, 규칙들과 교사로서 잘하고 있다는 믿음이 과연 맞는 걸까?'라는 생각에 흔들리기 시작했다. 내가 아이들에게 가르치고 싶은 것들은 아이들이 진짜 배우고 싶은 것일까? 내가 가르치고자 하는 것들은 아이들에게 진짜 필요한 것일까?

PDC를 처음 접했을 때 했던 2가지 목록이라는 활동을 통해 무엇을 가르치고 싶은가에 대한 생각을 정리할 수 있었다.

활동은 '30년 뒤 찾아온 학생은 어떤 모습일까요?'라는 질문으로 시작한다.

두 가지 목록 활동(2 List)

'30년 뒤 찾아온 학생은 어떤 모습일까요?'
— 똑똑똑, 문을 두드리는 소리가 들립니다. 이 문 뒤에는

오늘도 선생님을 힘겹게 한 학생이 성인이 되어 서 있습니다. 성인이 되어 찾아온 학생은 어떤 성품과 사회적 기술을 가지고 있을까요?

— 첫 번째 칸은 학급 운영의 어려움을 느끼게 하는 학생의 도전적인 행동을 적는다

— 두 번째 칸은 30년 뒤에 성인이 되어 찾아온 학생이 가지고 있었으면 하는 성품과 사회적 기술을 적는다.

이 활동을 통해 작성한 목록이다. 어쩌면 아이들이 아니라 어른인 교사가 갖추고 싶은 삶의 모습이기도 하다.

도전적 행동(현재)		성품과 사회적 기술(미래)	
– 다른 사람 때리기	– 욕하기	– 자기관리 능력	– 위생, 청결 유지하기
– 울기	– 꼬집기	– 의사소통 능력	– 문제해결 기술
– 바닥에 눕기	– 신변처리 어려움	– 스스로를 사랑하고 격려하기	– 진로·직업 능력
– 돌아다니기	– 소리지르기	– 취미·여가 즐기기	– 감정 조절하기
– 물건 던지기			– 대인관계 능력

이러한 성품과 삶의 기술들을 배우려면 시간이 얼마나 걸릴까? 중요한 것을 얻는 데는 많은 시간이 필요하다. 중요한 만큼 시간이 쌓여야 한다. 아이의 인생에서 점일 지도 모르는 특수교사들과의 시간이 모여, 선이 되어갈 아이들의 삶에 꼭 선물해 주고 싶은 성품과 삶의 기술들이기에 긍정훈육을 배우고 실천하고자 한다.

◇ 어떻게 가르칠 것인가?

학생들이 삶을 살아가며 배우기를 바라는 성품과 사회적 기술을 가르쳤던 사례들을 소개하기에 앞서 만났던 학생들을 먼저 소개해 본다.

["선생님 반에는 분노조절장애 학생이 있어요!" – (하늘이 이야기)]

"선생님, 하늘이가 교실 사물함을 넘어뜨려서 부셨어요"

"선생님, 하늘이가 다른 친구 배를 발로 찼어요."

"선생님, 하늘이가 학교 화단에 있는 화분들을 다 던지고 있어요."

특수학급에 있던 나에게 통합학급 학생들이 달려와 해주던 말들이다. 감정 조절의 어려움이 있던 하늘이는 화가 나는 일이 있으면 물건을 던지거나, 다른 사람을 공격하며 자신의 화를 표현했다. 그리고 그러한 상황은 특수학급보다는 많은 학생이 함께 생활하는 통합학급에서 대부분 일어났고, 나는 그런 일이 일어날 때마다 통합학급으로 달려가기를 반복했다.

자신의 감정을 이해하고, 적절한 방법으로 표현하는 것을 알지 못하던 학생이었다.

["학교가 없어져버렸으면 좋겠어!" (바다 이야기)]

같은 학교에서 만났던 또 다른 아이 바다, 바다도 감정 조절의 어려움을 보였다. 수업 시작을 알리면 20~30분을 소리를 지르며 울었다. 수업 시간보다 자리에 앉도록 하는 데 시간이 더 걸렸다. 수업을 알리는 시각적 타이머를 제시하면 '타이머가 없어져버리면 좋겠어!'라고 소리를 지르고 발을 구르며 타이머를 집어 던지려고 했다.

자기 뜻대로 되지 않으면 교실에 있는 모든 책상과 의자를 넘어뜨리고 던지며 자신의 화를 표현했다. '학교가 없어져버리면 좋겠어.', '선생님이 없어져버리면 좋겠어.', '내가 없어져버리면 좋겠어.', '엄마가 없어져버리면 좋겠어'라고 소리를 지르며 우는 아이였다.

어린아이가 감정이 폭발해서 하는 말들이긴 했지만 자기 자신, 가족, 학교가 모두 사라졌으면 좋겠다고 하는 말이 참 안타까웠다. 무엇을 해야 할지 고민이 되었다.

갈등과 긴장의 시간이 반복되던 시기에 학급긍정훈육을 만났고, 여러 가지 활동을 담은 수업을 시작했다.

PDC로 연결하다

특수교육을 하다 보면 교과 지도와 더불어 생활지도라는 큰 두 축이 있다. 어떤 학생은 교과에 집중해도 되는가 하면 어떤 학생은 생활지도만으로도 하루가 벅찬 학생도 있다. 특수교육대상 학생들의 행동 지도 필요성이 커지고 전국적으로 긍정적 행동 지원 관련 사업이 실시되고 강조되고 있다. 많은 교육적인 방법과 흐름 중에서도 학급긍정훈육을 신뢰하고 지속적으로 실천하려고 노력하는 데에는 학생과 교사를 만나게 해주는 데 있다고 생각한다.

◇ 관계 형성하기

긍정훈육에서는 상처받은 학생들이 문제행동을 한다고 본다. 소속감을 느끼지 못하고, 자존감이 낮을 때 좌절하였을 때 어긋난 행동들을 한다고 한다. 상처받은 학생들에게 가장 먼저 해야 할 것은 무엇일까? 단호한 가르침과 체계적인 중재 방법일까? 다양한 방법들이 학생의 성장에 도움이 된다고 생각한다. 그러나 가장 우선시되어야 할 것은 교사와 학생의 관계 형성이라고 생각한다.

1학년 학생이었던 강이는 통합학급으로 등교하였다. 아침 활동 시간을 통합학급에서 지내고 1교시가 시작되기 전, 특수학급으로 이동해서 공부했다. 그런데 아침마다 이동을 거부하고 떼를 쓰는 경우가 많았고, 교실로 이동하더라도 특수학급에서 바닥에 누워 몇십 분을 울었다. 고민 끝에 함께 PDC를 공부하던 선생님들에게 고민을 나누었다. 그때 들었던 조언이 "1교시 수업 시작 전에 아이와 일대일로 운동장에 함께 놀면 어때요?"이었다. 처음에는 긴가민가했던 조언이었지만 아이와 친해질 시간이 필요하다는 생각에 아이와 매일 아침 10분 정도씩 그네를 타기 시작했다. 그리고 얼마 후 아이는 떼를 쓰지 않고 아침을 시작할 수 있었다. 아이에게 필요했던 것은 과학적인 어떤 중재 방법보다도 교사와 친밀하고 즐거운 시간이었다.

교사와 학생의 관계를 형성하기 위한 수업 중 하나를 소개한다.

단원	1–2학년 군 1–6. 즐겁게 소통해요.	
성취 기준	[2국어01–04] 의사소통에 자발적이고 적극적으로 참여한다.	
학습 목표	좋아하는 것을 소개할 수 있다.	
준비물	8절지 또는 A4 용지, 사인펜 등 필기도구	
과정	학습 요소	교수·학습 내용 및 활동
도입	동기 유발	【활동 1】진진가 게임 하기 · 선생님에 대한 설명 4가지를 제시하고 그중에 사실이 아닌 한 가지를 찾아보도록 한다. (사실 3가지와, 거짓 1가지 제시)

전개	활동1	**【활동 1】손 그리기** · 도화지나, 빈 종이에 손가락을 대고 본을 뜬다. – 자기 손을 본을 뜨기 어려운 경우 교사나 학생들이 서로 번갈아 가며 그려주거나, 손 모양의 활동지를 사용할 수도 있다. · 그린 손가락마다 2~3개의 마디를 그린다.
	활동2	**【활동 2】좋아하는 것 적기** · 한 손가락마다 좋아하는 색깔, 좋아하는 운동, 좋아하는 음식, 좋아하는 놀이, 좋아하는 사람 등을 적는다. – 첫 번째 손가락의 2칸에는 좋아하는 색깔을 적어보세요. – 두 번째 손가락 3칸에는 좋아하는 음식을 적어보세요. (학생의 수준에 따라 그림 자료 활용)
	활동3	**【활동 3】좋아하는 것 소개하며 공통점 찾기** · 좋아하는 것 발표하기 · 공통점 찾기 – 만든 자료를 게시하여 공유한다. – 발견한 공통점들을 찾고, 다른 점들을 격려한다.

◇ 누구나 실수할 수 있어! 실수는 배움의 기회

강이는 교실에서 장난감을 가지고 놀다가 떨어뜨리면 크게 화를 냈다. 누가 뭐라고 한 것도 아니고 자기가 가지고 놀던 물건을 다른 사람이 떨어뜨린 것도 아닌데, 혼자 가지고 놀다가도 물건을 떨어뜨리면 많이 놀라고 크게 반응하는 모습에 신경이 쓰였다. 그래서 아이들이 장난감이나 물건을 떨어뜨리면 빨리 다가가서 더 친절하게 '떨어뜨려도 괜찮아', '정리하면 되는 거야'라고 말해주었다. 그리고 한 학기가 지날 때쯤 물건을 떨어뜨리고도 감정의 흔들림 없이 스스로 물건을 정리하는 강이를 볼 수 있었다.

PDC에서 실수는 배움의 기회라고 말한다. 우리는 누구나 실수한다. 놀이할 때도, 급식실에서 젓가락질할 때도, 휴대폰으로 문자를 입력하다가도 실수한다. 실수는 언제나 할 수 있고 누구나 할 수 있는 것이다. 그런데 학교에서 실수하면 학생들은 많이 부끄러워하거나, 타인에 의해 비난받기도 한다. '실수해도 괜찮아, 실수는 배움의 기회야'라는 믿음을 학생과 교사가 모두 가질 때, 편안하고 안전한 학급이 될 수 있다.

단원	5–6학년 군 나–11. 이런 일이 있었어요.	
성취 기준	[6국어01–05] 시간이나 장소를 나타내는 낱말을 사용하여 겪은 일을 말한다.	
학습 목표	실수했던 경험을 이야기할 수 있다.	
준비물	선생님 영상, 활동지	
과정	학습 요소	교수·학습 내용 및 활동
도입	동기 유발	【활동 1】 선생님의 실수 영상 · 선생님의 한 실수를 살펴본다. · 실수는 나쁜 것인지 이야기를 나눈다.
전개	활동1	【활동 1】 '어디까지 실수해 봤니?' 자랑대회 · 선생님의 한 실수를 살펴본다. · 실수는 나쁜 것인지 이야기를 나눈다.
	활동2	【활동 2】 실수와 실수 덩어리 구별하기 · 선생님의 한 실수를 살펴본다. · 실수는 나쁜 것인지 이야기를 나눈다.
	활동3	【활동 3】 실수를 줄이는 방법 찾기 · 선생님이 한 실수를 살펴본다. · 실수는 나쁜 것인지 이야기를 나눈다.

◇ 감정 이해하기 – (분노의 감정 사례)

하늘이가 감정적으로 격해져서 통합학급에서 공격적인 행동을 한다는 이야기를 듣고 통합학급으로 가서 말을 걸면, 교사의 어떤 말도 들리지 않는 것처럼 행동한다. 그러다 "하늘아, 많이 속상했어?"라고 물으면 조금씩 진정이 되었다. 이때 건넸던 말한마디가 소방관의 소화기가 된 것 같은 기분을 느꼈다. 아이가 흥분하게 된 원인이 있을 텐데 주변 학생들은 이해하지 못한 경우도 많다. 아이는 불쾌한 감정을 말로 명확히 설명할 수 없고, 때로는 자신도 자신이 어떤 감정인지 이해하지 못하는 때도 있다. 그러다 자신의 감정을 읽어 주는 말에 마음이 풀리고 행동이 진정되는 것이다.

단원	단원: 1–2학년군 나–13. 기분을 말해요	
학습 목표	동화 속 인물의 기분을 알아봅시다.	
준비물	그림책 『화가 둥!둥!둥!』, 상황 그림, 감정카드	
과정	학습 요소	교수·학습 내용 및 활동
전개	활동1	【활동 1】그림책 읽기 • **그림책 표지를 보며 생각 나누기** 　· 표지에 누가 나왔나요? 　· 고릴라는 어떤 색깔(표정)인가요?
전개	활동2	【활동 2】동화 속 인물의 기분 알아보기 • **그림책 내용 파악하기** 　· 고릴라는 어떤 색깔이었나요? 　· 어떤 상황에서 빨간색 고릴라가 되었나요? 　· 빨간색 고릴라는 어떻게 화를 냈나요? 　– 소리를 지르고, 발을 굴렀습니다. 　– 무너뜨리고 부서뜨리고 내동댕이쳤습니다. 　· 이런 방법들은 화를 표현하는 적절한 방법일까요?

전개	활동3	【활동 3】 상황에 알맞은 감정카드 찾기
		• **주인공의 기분 연결하기**
		  • 파란색 고릴라는 어떤 기분일까요?
		  • 빨간색 고릴라는 어떤 기분일까요?
		  • 파란색 고릴라의 기분 감정카드를 골라봅시다
		  • 빨간색 고릴라의 기분 감정카드를 골라봅시다
		• **기분을 표현하는 방법 알아보기**
		  • 빨간 고릴라가 기분을 어떻게 표현하면 좋을까요?

감정을 이해하고 적절한 방법으로 표현하는 것은 자신을 존중하고, 타인을 존중하는 것을 중요하게 여기는 긍정훈육에서 매우 중요한 삶의 기술이다. 감정을 알아차리는 것에서부터 행동의 변화가 일어난다.

◇ 감정 조절하기 – (분노의 감정 사례)

화가 나면 공격적인 행동을 보였던 하늘이와 바다와 함께했던 활동으로 화가 날 때 나타났던 도전 행동을 대체할 행동들을 직관적인 신호등으로 표현하여 정리하고 학급에 게시하였다. 감정적인 어려움을 겪을 때마다 게시한 자료를 안내하고, 긍정적인 방법으로 행동을 조절할 수 있도록 하였다.

단원	3–4학년군 나–3. 규칙 있는 생활
성취 기준	[4사01–01] 가정과 학교에서 지켜야 할 규칙과 질서를 알고 지키는 생활을 실천한다.
학습 목표	학교에서 지켜야 할 규칙을 알아봅시다.
준비물	4절지, 빨간 종이, 파랑 종이, 매직

과정	학습 요소	교수·학습 내용 및 활동
도입	동기 유발	·동기 유발 · 신호등 영상을 보고 빨간 불과 파란 불을 의미를 알아본다.
전개	활동1	【활동 1】화가 날 때 했던 행동 되돌아보기 ·화가 날 때 했던 행동 생각해 보기 ·행동하고 난 결과 확인하기 ·부적절한 행동을 빨간 종이에 적어 빨간 불에 붙이기
	활동2	【활동 2】화가 날 때 할 수 있는 다른 행동 찾아보기 ·빨간 종이에 적은 행동들을 대체할 행동들을 생각하기 ·실천 가능한 방법들을 초록색 종이에 적어 초록 불에 붙이기
	활동3	【활동 3】초록불의 방법 연습하기　　－ 풍선 불기 － 심호흡하기　　　　　　　　－ 음악 듣기 － 눈을 감기　　　　　　　　　－ 긍정적 타임아웃 공간 － 말로 표현하기　　　　　　　　　이용하기 등

◇ 감정 표현하기

　상황에 따라 자신의 감정을 이해하고 적절하게 표현하고, 타인의 감정을 이해하고 공감하는 능력은 자기조절능력과 대인관계 형성에 매우 중요하다.

　다음 수업 사례는 표정과 몸짓, 상황을 종합적으로 살펴보고 '마음을 나타내는 말'을 사용하여 감정을 표현해 보도록 구성하였다. 학교에서 경험한 일을 살펴보며 자신의 감정을 알아보고, 같은 상황에서 다른 사람의 감정은 어떨지 생각해 볼 수 있도록 한다.

단원	2-1-3. 마음을 나누어요.	
성취 기준	[2국01-03] 자신의 감정을 표현하며 대화를 나눈다.	
학습 목표	마음을 나타내는 말을 사용하여 마음 표현할 수 있다.	
준비물	활동 영상 또는 사진 자료, 마음책 활동지	
과정	학습 요소	교수·학습 내용 및 활동
도입	동기 유발	·동기 유발 – 표정과 몸짓 사진으로 마음 맞춰보기 – 표정과 몸짓만으로 표현하기 어려운 점 나누기
전개	활동1	【활동 1】 마음 알아보기 ·학교에의 활동 영상과 사진 관찰하기 ·어떤 표정과 어떤 몸짓인지 살펴보기 ·마음을 나타내는 말을 넣어 감정 표현하기
	활동2	【활동 2】 마음 책 만들기 ·활동 1의 장면 고르기 ·사진 속 친구의 감정을 마음을 나타내는 말을 사용하여 쓰기 ·활동지를 모아 한 권의 그림책으로 만들기
	활동3	【활동 3】 '이럴 땐 어떤 마음' 놀이하기 ·학교와 가정에서 겪을 수 있는 장면 제시하기 ·상황에서 느껴지는 마음을 표정, 몸짓으로 나타내어 문제 내기 ·장면 그림을 살펴보며 비슷한 경험이 있는지, 그때의 감정 이야기하기

　　학생들이 실수할 때는 실수는 배움의 기회라고 말하면서도 정작 교사 스스로의 실수에는 쉽게 좌절하고 실망한다. 늘 완벽할 수 없지만 우리는 매 순간 나아가고 있다. 긍정훈육을 실천하며 학생들과 함께하는 모든 시간이 성장하는 순간이 되므로 앞으로 더 기대된다. 학생들이 나와 함께하는 시간 동안 '자신을 사랑할 줄 알고, 다른 사람들과 어우러지며 살아갈 용기'를 담아가기를 바란다.

5. 나만의 빛을 찾는 감격해 탐험대

길을 헤매다

학기 초, 통합학급에서 자기 소개할 준비를 하며 특수학급에서 자기 소개를 연습하는 시간을 가졌다. 자신에 대해 말하기 위해 자신에 관한 기본적인 질문을 건넸다.

— 내가 좋아하는 것은 무엇일까요?
— 내가 싫어하는 것은 무엇일까요?
— 나의 강점은 무엇일까요?
— 나의 약점은 무엇일까요?
— 나의 꿈은 무엇일까요?

학생들은 이런 질문이 처음인 것처럼 생소한 얼굴로 나를 바라보았다. "잘 모르겠어요." 학생들은 교사의 예시에 대해 "~ 좋아요." "~ 안 좋아요."라고 겨우 표현할 뿐, 그것을 자신의 강점으로 연결짓지 못했다. "선생님, 나 이거 할 수 있어요? 아니면 못하나요?"라고 되물으며, 할 수 있는 것도 제대로 판단하지 못한다는 사실을 깨달았다. 한 학생은 "저는 잘하는 게 없어요. 친구들이 저보고 못한다고 했어요."라고 말했다. 심장이 '쿵' 하고 내려앉았다.

다시 물었다. "내가 스스로 할 수 있는 것은 어떤 것이 있을까요? '세수하기, 우유 팩 따기, 병뚜껑 열기, 단추 잠그기, 컵에 물 따르기, 젓가락질하기, 사물함 정리하기, 신발 신기, 지퍼 올리기, 내 자리 알기, 교실 위치 찾기, 도움이 필요하다고 말하기, 궁금한 것 물어보기' 등은 어떨까요?"라고 묻자, 아이들의 얼굴이 조금 더 밝아졌다. 많은 부분을 스스로 잘하고 있는 학생들임에도 불구하고 자신이 무엇을 할 수 있고, 무엇이 어려운지를 찾지 못했다. 항목을 하나씩 짚어가며 할 수 있는 것들을 찾아야겠다는 생각이 들었다.

PDC에서 길을 찾다

우리 아이들이 자신에 대해 알아가는 수업, 그래서 자신을 있는 그대로 사랑하게 되는 수업이 필요했다. 특히 올해 만난 아이들은 장애가 심하지 않은 학생들이고, 일상생활에 어려움이 없는 고학년 학생들이었다. 외현화된 행동 문제가 없는, 오히려 내면화된 어려움으로 인한 위축, 불안, 우울감이 염려되는 아이들이었다. 자기 인식, 자기 이해, 자기 수용 등은 삶의 가장 중요한 과업이기에 특수학급에도 꼭 필요한 수업이다. 우리 아이들에게 '나'는 존재 그 자체로 완전하고 소중한 존재라고 말해주는 수업을 하고 싶었다. 그런데 '나'라는 존재, 이 의미를 학생들에게 어떻게 알려줄지가 고민이었다.

긍정훈육Positive Discipline에서는 학생들이 자존감을 느끼기 위해 선행되어야 하는 것을 연결이라고 보았다. 자신이 속한 공동체에서 자신의 자리를 갖고 공동체에 공헌하는 것을 소속감으로 보고, 이를 통해 자신이 가치 있고 능력이 있으며 의미 있는 존재라고 여기는 자존감이 생긴다는 것이다. 발달상의 어려움이 있는 특수교육대상 학생들의 경우 개인적인 특성들로 인해 소속감을 느끼는 데 어려움을 가질 수 있으나, 반대로 소속감을 느끼며 사람들과 연결된다면 특수교육대상 학생들이 갖는 문제들도 상당 부분 개선될 수 있을 거라는 생각이 들었다. 그래서 아이들과 『빛을 찾아 떠나는 별난 이야기』 책을 함께 읽으며, 사회·정서 학습을 기반으로 소속감과 자존감을 키우는 수업, '나만의 빛을 찾는 감격해 탐험대' 프로그램을 계획했다. 감격해 탐험대는 감정을 통해 '나'라는 존재를 알고, 격려하며 해결하는 과정에서 '너'를 존중하고, '우리'가 함께하는 분위기 속에서 자신만의 빛을 찾아갈 수 있도록 하는 과정이었다.

PDC로 연결하다

♦ 아이가 울었다.

◇ 관점 바꾸기

PDC 활동과 연계한 격려수업인 『빛을 찾아 떠나는 별난 이야기』의 첫 장 '하루 별 거 아닌 이야기'를 읽고 난 후, 아이들과 북극별을 부러워하며 지구별을 떠나는 네모별의 이야기를 나누었다. 네모별처럼 자신이 마음에 들지 않았던 적이 있는지, 자신이 생각하는 약점은 무엇인지에 대해 이야기했다. 누구에게나 강점과 약점이 있으며, 잘하는 것과 못하는 것이 존재한다. 하지만 내가 못하는 것은 사실 나의 강점과도 연결되어 있다. 그런 이야기를 아이들과 스스럼없이 나누고 싶었다.

"선생님은 정리 정돈을 잘 못해. 정리하는 게 어려워서 자주 혼이 났는데, 조금씩 연습하다 보니 좋아졌어. 그리고 정리를 잘 못하는 사람들이 창의적이라고 하더라. 환경이 바뀌어도 잘 적응하고, 여러 가지 일을 동시에 하거나 다양한 일에 관심을 가질 수 있대. 그런 말을 들으니, 선생님의 약점이 더 이상 부끄럽지 않고 오히려 용기가 됐어. 너희 생각은 어때?"

자신의 강점과 약점을 편안하게 터놓고 모두가 수용할 수 있게 되기를 바라는 마음이었다. 그것이 나를 있는 그대로 바라보는 자기 수용의 시작이기에.

돌아가며 자신의 약점을 말하는 데, 한 여자아이가 눈물을 흘리고 있었다. 내가 "수정이가 생각할 때 수정이의 약점은 뭘까? 너도 북극별처럼 누군가 부러울 때가 있어?"라고 물어도 대답이 없자, "수정이는 자기 자신이 마음에 들어, 아니면 마음에 안 들어?"라고 물었다. 조용하긴 해도 자기 생각을 분명히 말하는 친구였다. 그러나 뭔가를 시작할 때 심리적 벽이 높다. 결정하는 데 시간이 오래 걸리고, 낯선 장면에서 자주 당황하고 움츠러든다.

나와 올초에 처음 만났을 때도 그랬다. 수업 시간 내내 긴긴 침묵이 흘렀고, 교실 바닥으로 시선이 갔다. 선생님이 너를 도울 수가 없어서 속상하다고 말하며 한 번씩 어르고 달래고, 선택지를 제시할 수 있도록 노력했다. 특히 뭔가를 실수하거나 틀렸을 때, 민감하게 반응하지 않고, "그럴 수 있어. 괜찮아. 어떻게 하고 싶어?"라고 대수롭지 않게 대했다. 결국 한 달이 걸려 아이의 목소리를 들을 수 있었고, 아이는 안전한 상황에서는 생각보다 활발하고, 적극적이라는 것을 알게 되었다.

그런 아이가 오늘 수업의 처음에는 "모르겠어요"라고 하더니 결국 눈에서 맑은 눈물을 흘렸다. 다른 아이들이 놀라서 쳐다본다. "이리 와봐." 가만히 안아주었다. "아이고, 뭐가 속상했구나. 선생님의 질문이 어려웠어?"라고 물었더니 고개를 옆으로 저었다. "그러면 약점을 못 찾아서 속상해? 아니면 약점을 말하는 게 속상해?" "…. 말하는 게."

순간 아차 싶었다. '내가 잘못했구나.' 이건 나의 실수였다. 자신의 약점이 아픈 아이에게 내가 그 약점을 말하라고 한 것이다. 아이는 자기 자신이 마음에 들지 않았고, 그것을 입 밖으로 꺼내기가 어려웠을 것이다. 아이들의 생각이 궁금했던 선생님이 무심코 던진 질문이었는데, 자신에 대한 긍정적인 피드백이나 성공 경험이 부족한 아이에겐 상처가 된 것 같다. 내성적이거나, 실패했던 기억과 상처가 있는 경우 그걸 공개적으로 말한다는 것은 쉽지 않았을 거다. 감정적으로 섬세한 사춘기 아이에게 굉장한 실례가 되었을지 모른다는 생각이 들었다.

◇ 실수 인정하기

실수는 바로 인정해야 한다. 어른이 실수를 인정할 때, 아이는 실수를 대처하는 방법을 배운다. 또한, 사과받은 아이가 사과하는 법을 알게 될 것이다. 아이를 다독이며 말했다. "선생님이 미안해. 선생님은 너희의 생각을 알고 싶었어. 약점은 부끄러운 거 아니야. 누구나 약점이 있어. 약점이 없는 사람은 없어. 누구나 강한 부분이 있고, 약한 부분도 있어. 그리고 그건 서로 연결되어 있어서 다 잘할 순 없는 거야." 거기에 비밀 하나를 더 했다. "비밀인데 선생님도 어렸을 때 선생님이 싫었던 적이 있어. 사람들이 다 부럽고, 선생님이 부족하게 느껴졌어. 그런데 지금은 괜찮아졌어." 아이가 진정되어 모두에게 말했다. "어떤 생각도 부끄러운 생각은 없어. 지금은 자기 자신에 대해 어떻게 생각해도 괜찮아. 선생님이랑 잘 알아보자. 그래서 선생님이 너희와 이 책을 보려는 거야."

수업을 다시 시작했다. 다른 아이들은 "잘 넘어져요", "늦잠을 자요", "잘 부딪혀요"라는 약점을 꺼내놓았다. 이제 서로 다들 자기도 그렇다고 함께 웃었다. 그리고 그 말을 듣고 해주고 싶은 격려의 말을 덧붙였다. 잘 넘어지는 아이는 "괜찮아, 혼자 일어나면 되잖아." "넌 책을 잘 읽어."라는 격려를 받았다. 나는 "세상에 호기심과 관심이 많아서 그런가 보다."라고 말했다. 아이는 말갛게 웃었다. 늦잠을 자는 아이는 "언니는 따뜻해." "괜찮아, 넌 잘 기다려 주잖아."라는 말을 들었다. 나는 "좋은 꿈을 많이 꾸나 보네."라고 전했다.

잘 부딪히는 아이는 "너는 다정해." "괜찮아, 언니가 도와줄게." "좋은 생각을 많이 하느라 그런가 보다."라는 말을 들었다. 그리고 정리 정돈을 잘 못하는 선생님에게는 "괜찮아요." "괜찮아요, 우리가 있잖아요."라는 말이 돌아왔다. 우리는 자연스럽게 서로의 강점을 찾고, 전해주는 연습을 하게 되었다.

♦ 나의 버럭이

◇ 감정 알아차리기
"황소가 화난 이유는 무엇일까?"

"자신에게 늘 나쁜 일만 생긴다고 생각해서 그래요. 아무도 알아주지 않고, 재수가 없다고 했어요, 또?"

"마음대로 되는 게 하나도 없고, 신은 불공평하다고 했어요. 노력해도 상황이 바뀌지 않는다고."

"그래, 그 탓을 네모별에게 돌렸군. 과연 다 네모별 때문일까?"

"그건 네모별 때문에 일어난 일이 맞아요?"

"가끔 우리는 이렇게 화가 쌓여서 엉뚱한 곳에 화풀이할 때가 있어. 그래서 자신의 기분을 잘 살펴야 해. 우리가 매일 감정일기를 쓰는 것처럼 자기 감정을 잘 알면 엉뚱한 사람에게 화를 내게 될까? 화가 난 이유를 알면 화를 잘 표현할 수 있어."

"그리고 누구나 화가 날 때가 있어. 그런데 화나는 감정이 영원히 지속될까?"

"아니요."

"어떻게 알았어?"

"선생님이 감정은 날씨 같아서 계속 바뀐다고 했어요."

속으로 조금 놀랐다. 매일 반복하긴 하지만 허투루 듣는 줄 알았는데, 가끔 이렇게 선명한 기억을 꺼내 주면 기특하기도 하고 두렵기도 하다. 말의 힘이 정말 중요하니 더 신중해야겠다는 생각이 든다. 덕분에 수업 중에 할 말을 좀 더 고르고 정리해 보게 된다. 그리고 교사가 먼저 자신의 감정을 조절하고 평정심을 유지하며 잘 지내려고 노력하는 동기가 되기도 한다. 우리 아이들은 나를 보고 자라니까. 나의 말과 행동에 점점 무게가 실린다.

"맞아, 우리가 매일 감정카드를 표시하고 일기를 쓰다 보면 매일 감정이 달라지는 걸 느끼지. 화라는 감정도 가끔 찾아올 수 있어. 화가 나쁜 건 아니야. '나는 화가 나'라고 말하는 건 괜찮지만, 소리를 지르거나 물건을 던지는 등의 행동은 잘못된 거야. 그렇게 하면 다른 사람에게 피해가 갈 수 있으니까. 화를 말로 표현할 수 있어야 해. 그럼, 우리가 언제 화가 나는지 알아볼까? 너희는 언제 화가 나? 화가 났던 일을 생각나는 대로 적어보자."

◇ **나를 화나게 하는 감정의 원인과 욕구 알기**

화나는 것을 적는데 아이들이 신나 보인다.

"너희 왜 즐거워 보여? 화난 거 이야기하는 중인데 다시 화나는 거 아니야?"

"화나기도 하는데 조금 좋아요."

"이야기하는 게 좋은 거 같아? 황소처럼 화나는 것을 이야기하기만 해도, 화나는 이유를 들어주기만 해도 마음이 한결 나아지는구나."

신이 나서 화가 났던 이야기를 늘어놓는 아이들의 모습이 이를 말해준다. 감정을 말하지 못하면 쌓여서 스트레스가 되고, 이렇게 감정을 꺼내놓는 것만으로도 마음은 편안해진다. 감정은 그렇게 흘러야 하는 것이니까.

"저는 비가 올 때 화가 나요."

"비가 오는 게 왜 화가 나?"

"소리가 커서요."

"그게 왜 화가 나?"

"시끄러워요."

"그게 왜 화가 나?"

"안 좋아서요."

"그게 왜 화가 나?"

"잘 때도 잠이 안 와요. 빗소리 때문에."

"그렇구나. 비가 오면 소리가 커서 신경이 쓰이는구나."

유독 목소리가 작은 아이였다. 내가 목소리가 조금만 커져도 깜짝 놀라는 아이였는데, 어쩌면 청각적으로 예민한 것일 수도 있겠다는 생각이 들었다.

"그리고 또 있어?"

"저는 잠잘 때 동생이 깨워서 화가 나요. 그리고 추울 때, 고양이가 싸울 때, 교실에서 급식 당번이 장난치고 급식을 안 줄 때, 그리고 똥 쌀 때요." 아이들이 까르르 웃었다. "똥 쌀 때 왜 화가 나?"

"변비 때문에요. 똥이 안 나와서 화가 나요."

첫 수업 때 약점을 말하지 못해 울었던 아이의 한껏 솔직해진 변화가 반갑다.

교사가 수용해 주자 아이들은 있는 그대로 감정을 털어놓기 시작했다. 아이들의 감정 이면에는 감정이 올라온 이유가 있고, 그 감정은 대개 욕구가 충족되지 못했을 때 부정적으로 느껴진다. 그게 왜 화가 나는지 되묻다 보면 사실 표면 위의 화가 아닌 그 아래 더 중요한 욕구가 드러난다. 그 모든 화를 다 해결하고 욕구를 처리할 수 없어도, 이런 이야기를 나누는 것이 중요한 이유는 감정을 말로 표현하는 것으로도 해소가 되기 때문이다. 특히, 우리가 평소에 화나는 이유를 기분 좋을 때 서로 직접적으로 꺼내게 되면서 서로에 대해 자세히 알게 되고 한층 더 가까워진 느낌이 들었다. 그리고 아이들 내면의 욕구를 찾게 된 것이 새로웠다. 이 활동을 하지 않았다면 몰랐을 모습이었다.

♦ 나를 알아가는 시작, 감격 일기

◇ 감정 체크인 하기

아이들과 매일 순간의 감정을 찾고 싶었다. 사실 어른들도 마음을 알아채기란 쉬운 일이 아니다. 교사인 나에게도 감정은 참 어려운 부분이라 먼저 시도한 것이 감정출석부였다. 우리의 마음이 어떤지 날마다 표시해보자며 칠판에 감정카드를 붙이고 체크인하면서 교사부터 매일 감정을 찾고 표현하는 일에 집중했다. 교사가 시범을 보이니 아이들도 금세 따라 했다.

"선생님은 오늘 피곤해. 어제 잠을 잘 못 잤거든. 그래서 '피곤하다'를 골랐어."

"저도요. 늦게 자서 너무 피곤해요."

"그래? 우리 하품하고 시작할까? 기지개를 켜볼까?"

"왜 '걱정된다'를 골랐어? 무슨 일 있어?"

"선생님이 걱정돼요. 친구들 공부 가르쳐주느라 힘들 것 같아서요."

"감동이에요. 선생님은 이제 하나도 안 힘들어요."

감정을 나누자, 전에 없던 마음들이 오고 간다. 마음의 소리에 아이들도 마음의 소리로 응답한다. 감정을 말하니 아이들이 어느새 공감하고 있다. "뭔지 알아. 나도 그런 적 있어." 자신의 감정을 매일 생각해 보고, 이름을 찾아 붙여주는 일은 중요하고 서로에게 의미 있는 일이 되었다. 서로의 컨디션을 확인하니 일어날 수 있는 문제를 예방할 수 있으며 일어난 일에 대한 대처도 빠르게 되었다. 묻지 않았으면 몰랐을 아이의 상처나 기쁜 일이 전해지고 자연스레 상담이 이뤄지기도 한다.

◇ 감정 – 욕구 – 격려 일기 쓰기

감정을 말하고, 그걸 알아주는 사람들이 생기자 아이들은 감정이 자기 의사 표현의 기본이라는 것을 깨닫게 된다. 거기에 감정의 이유나 설명을 덧붙이니 누구나 하루에 한 번 전하는 자기 이야기에 힘이 실린다. 아이들이 감정에 이어 욕구카드도 찾아 붙였다. 아이들에게는 욕구를 바람으로 소개했다. 감정은 감정이 느껴지는 원인이 있다. 원인을 살피다 보면 내가 바라는 것이 이뤄져서 느낀 감정인지, 바라는 것이 이뤄지지 않아서 느낀 감정이었는지 알게 된다.

초반에는 교사가 감정으로 유추한 바람카드의 보기를 제시하고 둘 중 하나를 고르도록 했다. 감정의 흐름을 이해하는 것은 아이들이 자신의 감정을 있는 그대로 수용하기 위해 꼭 필요한 단계였다. 어휘가 어려운 것이 많았지만, '우정, 소속감, 휴식, 사랑, 재미, 놀이, 편안함, 도전, 용기' 등을 읽는 과정에서도 배움이 일어났다. 어휘의 뜻을 알고 익혀가는 것 자체가 중요하다는 생각에 계속 반복했다. 뜻을 같이 찾아보기도 하고 쉬운 예시 중에서 고르는 식으로 욕구를 찾았다.

"너희가 원하는 걸 알고 말해줘야 다른 사람들도 너희를 이해할 수 있어. 너희가 바라는 걸 자세히 찾아보자." 이렇게 아이들은 '감정·바람·격려 일기'에 도전했다. 바람을 찾은 뒤 자신에게 들려주고 싶은 격려의 말을 스스로 골랐다. 서로의 바람을 모두 이루지 못해도 응원할 수는 있으니 자신을 격려하는 연습을 통해 자존감을 키울 수 있길 바라는 마음이었다. '내 마음은 ~ 이다.(감정) 왜냐하면 ~기 때문이다.(원인) 내가 바라는 것은 ~다.(욕구) 내가 듣고 싶은 말은 ~다.(격려)'로 이어진 문장이 모여 글이 되었다. 자신의 생각을 글로 써 본 적 없는 아이들이 쓴 글을 읽으며 좋아한다. 서투르고, 엉뚱하지만 진솔함이 매력이다. 완성된 글을 읽으면 묘한 성취감이 생긴다. 그게 아이들이 매일 일기를 쓰겠다고 하는 이유일 것이다.

처음 일기를 쓰던 아이의 모습이 선하다. 모르겠다고 시도조차 하지 않아 몇 번을 되묻고, 교사가 제시한 단어 중에 고르며 함께 이유를 찾아갔다.

— 내 마음은 기쁘다. 느티반에 와서 기쁘다.

　두 문장을 간신히 채우던 아이. 소리 나는 대로 쓰느라 맞춤법이 틀릴 때도 많았다. 그래도 글씨를 교정하는 것보다 마음을 키우는 게 더 중요하다고 생각했다. 매일 묻고 들으며 아이의 마음을 찾았다. 쓰고, 소리를 내 읽고, 서로의 마음을 알아가며 1권, 2권을 채웠다.

　— 내 마음은 재미있다. 왜냐하면 느티반에서 교실 꾸미기를 했기 때문이다. 내가 바라는 것은 우정이다. 내가 듣고 싶은 말은 "넌 특별해."이다.
　— 내 마음은 기운이 난다. 왜냐하면 친구에게 악보를 빌려줬다. 너무 기운이 난다. 내가 바라는 것은 배려이다. 내가 듣고 싶은 말은 "고마워."이다.
　— 내 마음은 기쁘다. 왜냐하면 놀이를 했기 때문이다. 내가 바라는 것은 '놀이'이다. 느티반에서 인형 놀이를 했다. 나는 꽃잎이었고, ○○이는 토끼, 선생님은 먹구름, ○○이는 버스였다. 나는 인형 던지기가 재미있다. 내가 듣고 싶은 말은 "같이 놀자!"다.

　아이들의 마음을 읽으며 내가 모르던 아이들의 세계를 만난다. 아이들의 마음과 이어지는 느낌이다. 감정은 연결의 시작이자 끝이다. 그렇게 차곡차곡 쌓인 우리들의 마음이 어느새 단단해짐을 느낀다. 어느새 아이들의 글씨가 반듯해지고, 글도 길어졌다. 반복하며 긍정적 자원을 쌓았기 때문이다. 그만큼 아이가 자란 것 같아 기특하다. 이제 교실에 들어서자마자 감정을 붙이는 아이들. 의외로 대부분의 아이들이 그 앞에서 한참을 읽고 심각하게 생각하며 열심히 고른다. 아이들이 오롯이 자신의 감정에 집중하게 되는 그 순간이 참 좋다. 신중하게 스캔하는 눈길과 끝내 하나를 골라내는 작은 손길을 보고 있노라면 입가에 웃음이 맴돈다. 감정일기로 아이들의 마음을 알게 되니 아이들의 존재가 달리 보인다. 존재와 존재 사이, 하루와 하루 사이에 마음이 쌓인다. 그리고 이어진 마음들이 반짝반짝 빛이 난다.

♦ 스스로 찾은 격려, '배움의 멋진 기회'

◇ 자기 강점 찾기

6학년 담임 선생님께 연락이 왔다. 도덕 시간에 재능 기부 프로젝트를 하는 데 우리 반 두 아이가 참여할 수 있는 게 무엇일지 묻는 전화였다. 아이들과 상의하기로 했다. 『빛을 찾아 떠나는 별난 이야기』책으로 자신의 강점을 강조한 덕분인지 자신이 잘하는 것을 줄줄이 말한다. "저는 택배 배달을 잘해요. 화분에 물도 잘 주고, 쓰레기 분리수거도 잘해요." "저는 요리를 잘해요." 아이들은 우리 반 수업과 관련된 활동들을 자신의 강점과 연관

짓고 있었다. 기특하다. "그래, 그럼, 요리로 재능 기부해 볼까?" 아이들이 좋아하고 잘한다고 표현한 요리를 해서 반 친구들에게 나눠주면 좋겠다고 생각했다.

◇ 자기 격려하기

쉽고 간단하게 만들 수 있는 것으로 '초코 그래놀라'를 골라 함께 레시피를 찾고, 요리 방법을 익힌 다음 '초코 그래놀라'를 만들기 시작했다. 통합학급 수업에서는 그래놀라에 관한 조사를 하고, 발표할 준비를 시작했다. 그날 쓴 일기의 한 부분이다. '내 마음은 재미있다. 왜냐하면 오늘 조사했다. 크롬북으로 그래놀라를 검색했다. 재미있기 때문이다. 내가 바라는 것은 평화이다. 크롬북으로 검색하니까 평화이다. 내가 듣고 싶은 말은 "배움의 멋진 기회야."이다.' "이 격려의 말을 어떻게 고르게 됐어?" "크롬북으로 찾으니까 뭔가 새롭고 신기했어요." "크롬북으로 할 때 조금 어렵고 그럴 때가 있었는데 그래놀라 찾으니까 좋았어요." 아마 자기가 관심 있어 하고 좋아하는 것이 학습으로 연결되니 그 의미가 더 커진 듯했다. "그래, 정말 멋진 생각이네. 배움의 멋진 기회가 됐네."

우리 반 수업 때는 발표할 자료를 함께 만들고, 발표 연습을 도왔다. 색칠하고 그림을 그리며 즐거워했다. 직접 그래놀라를 굽고, 식혀서 반 친구들과 담임 선생님 몫까지 챙겨 나눠 담았다. 마지막에 스티커까지 붙이고 포장하며, 나눠주는 예행연습도 했다. 다음 일기에 아이의 마음이 담겼다. '내 마음은 기쁘다. 왜냐하면 저번 주 목요일 날 5, 6교시에 발표를 해서 기쁘기 때문이다. 내가 바라는 것은 재미이다. 그래놀라 나눠줄 때가 재미있다. 내가 듣고 싶은 말은 "너가 참 좋아."다.' 나눠주는 것만으로도 행복해하며, 다른 선생님들께도 나눠주고 싶다고 제안했다. 자신의 재능으로 나눔의 기쁨을 느끼고 있으니 그야말로 프로젝트 대성공이었다.

♦ 스스로 해결해요

◇ 교정 전 연결하기

"너희 무슨 일 있어?" "아니요." "아닌 게 아닌 것 같은데?" 평소와 달리 무표정한 모습이다. 기다려주자 아이들이 일기를 쓰다가 이야기한다. "선생님, 사실 어제 푸름이가 친구한테 맞았어요." 놀랐지만 침착하게 다시 물었다. 듣고 보니 원래 친하게 지내던 친구와 중간에 오해가 있었던 것 같다.

"너희가 바라는 건 뭐야?" "화해하고 싶어요." "선생님과 같이 이야기해 볼까? 너희끼리 이야기해 볼래?" "선생님이랑 같이." 아무래도 아이들끼리는 어려운 문제인 것 같았다. 담임 선생님들께 양해를 구하고, 셋이 함께 만나는 자리를 마련했다.

"은지야, 어서 와. 만나서 반가워." "선생님이 보자고 해서 많이 놀랐지?" 고개를 끄덕인다. "맞아, 당황스러웠을 것 같아. 궁금한 게 있는데 같이 이야기할 수 있을까?" 다시 고개를 끄덕인다. "여기 내려온 건 선생님이 가라고 해서 가는 거야, 아니면 은지가 선택한 거야?" "제가." "와, 이건 되게 용기 있는 거야. 왜냐하면 은지가 온 거니까. 와줘서 고마워요." 교정 전 연결이 필요한 순간이다. 어떤 옳은 말을 하더라도, 아이와 연결되지 않으면 소용이 없다. 잘잘못을 따지기보다 아이들의 마음을 편안하게 해주고 싶었다. 실수는 회복하고, 잘못은 사과하는 법을 배울 수 있도록.

◇ **감격해 카드 활용하기 – 감정 찾기**

"어제 일을 이야기해 줄 수 있나요?" 아이들이 접근하기 쉽도록 감격해 카드를 꺼냈다. 먼저 감정카드를 가지고 이야기를 나누었다. "어제 어떤 느낌이었나요?" "잘 모르겠어요." 원래도 조용한 아이들이 더 말이 없다. "찾기가 어렵구나. 그럼 지금 마음을 찾아볼게요. 반성하는, 서러운, 신나는, 걱정되는, 고민하는, 짜증 나는, 불편한, 고단한, 외로운, 심통 나는, 후회되는, 절망적인, 놀란, 무서운, 간절한, 변명하는…. 이 중에 지금 마음 같은 걸로 골라볼까?" "은지는 지금 마음이 좀 슬프니? 슬픈 마음을 가져갔구나." "푸름이는 화난 일이 있었나요?" "빛나가 저에 대해 잘못 말해서요." 설명을 듣다 보니 말을 전달하면서 오해가 있었고, 세 아이가 오해한 채 서로 화나고 섭섭해했다는 걸 알게 됐다.

"사과할 일이 있으면 지금 해볼까?" 생각보다 심각한 사안은 아니었지만 바로 확인하고 사과했다.

그런 은지가 사과한 뒤 펑펑 울기 시작했다. "은지야, 너도 뭔가 속상한 마음이 있는 거지, 생각을 표현하지 않으면 서로 속마음을 알 수가 없으니까. 그래서 자세하게 말해 줘야 해. 그럼 은지가 앞으로 이 친구들과 바라는 게 있어? 어떻게 지내고 싶은 거예요?" "사이좋게."

"왜 속상한 마음인지도 말해줄래?" "점심시간에 같이 놀자고 불렀는데 애들이 안 나온 적이 있어요." 제 딴에는 자기도 서운한 일이 생각났나 보다. 다행이다. 앙금은 풀고, 흘려보내면 된다. "잘 이야기했어. 말하지 않으면 서로 오해가 생겨. 용기 내야 서로 더 친하게 지낼 수 있어." 사과를 주고받으면서 얼굴이 풀어진다. 지난 일이라도 사과하면 사과하는 사람도 받는 사람도 마음이 편해진다. 누군가에게는 죄책감이, 누군가에게는 속상함이 덜어지는 순간이다. "감정카드 좀 모아줄래? 이제 초록색 카드로 이야기를 해볼 건데."

◇ 감격해 카드 활용하기 – 격려 찾기
"여기 격려의 말이 있어. 이것들을 읽어보면서 먼저 너희가 듣고 싶은 말을 하나씩 골라보자."

"은지가 듣고 싶은 말은 뭐야? 많이 힘들었지? 이 말이 듣고 싶었구나. 그럼, 우리 같이 말해줄까?" "은지야, 많이 힘들었지?" 은지가 웃는다. '언제든 도와줄게', '괜찮아 그럴 수 있어'의 말들이 오고 갔다. 추가로 우리 반이 아닌 은지에게 해주고 싶은 말을 찾아 건넸다. "많이 속상했지?" "항상 너를 응원할게." 감정을 읽고 격려의 말을 주고받는데 아이들의 얼굴이 환하다. 카드로 고르고, 따라 읽기만 하는 데도 마음이 풀린 듯하다. "혹시 더 나누고 싶은 이야기가 있나요? 도움이 더 필요하면 해결카드도 볼 거예요." "아니요. 이제 없어요." 해결카드까지 찾지 않아도 마음을 솔직하게 터놓고, 공감받고, 위로받는 경험은 아이들을 후련하게 한다. "대화를 마친 마음은 어때요?" "편안해요." "다행이다. 그럼 감격해 대화를 마칠게요. 다음에 또 도움이 필요하면 이야기해요."

♦ 행복의 비밀을 찾다

◇ 행복의 순간 찾기

아이들에게 행복의 순간을 물었다. 한 친구는 '도와줄 때, 친구들과 놀 때, 요리할 때, 설거지할 때가 행복하다'라고 말했다. 다른 친구는 '느티반에 올 때, 그림 그릴 때가 행복하다'고 말했다. 아이들의 답 속에 행복의 비밀이 있었다. 누군가와 함께하는 것에서 행복해했다. 그러면서도 홀로 무언가를 해낼 때, 혼자서 할 때 행복하다고 말한 것이 놀라웠다. 홀로서기를 통해 느끼는 유능함과 자유로움을 알아가고 있는 것이었다. 이어서 혼자

할 수 있는 것을 써 보자고 했더니 종이 한 바닥을 다 채운다. 이 책을 처음 시작할 때 잘하는 것에 대해 대부분 '모르겠어요'라고 답했던 아이들이었다.

◇ 혼자할 수 있는 것 찾기

아침부터 각자 하루의 일과를 되새기며 혼자서 해낸 것들을 함께 찾았다. '설거지, 물 챙기기, 물건 챙기기, 밥 먹기, 스스로 옷 입기, 스스로 양치하기, 스스로 밥 먹기, 스스로 준비하기, 책 읽기, 책 넣기, 정리하기, 택배 배달하기, 쓰레기 버리기, 물 주기, 일기 제목 적기, 시간표 붙이기, 세수하기, 수건 개기, 라면 끓이기, 전화하기까지.' 자기가 할 수 있는 것들을 써내려 가며 즐거워했다. 다른 친구도 '밥 먹기, 양치질하기, 세수하기, 학교 가기, 옷 입기, 가방 챙기기, 요리 재료 섞기, 기도하기, 성경책 펴기, 택배 찾기, 가위질하기, 풀칠하기, 급식 당번하기, 문자 보내기, 설거지 하기, 그래놀라 만들기'를 자기가 혼자 할 수 있는 일로 찾아냈다. 아이들이 쓴 걸 보니 결국 삶은 혼자서 살아내는 것, 그리고 더불어 사는 것이라고 아이들이 말해주는 것 같았다.

◇ 서로 존중하기

아이들은 자신의 이야기를 하며 한결 밝아지고, 자신감이 생겼다. 그런 서로를 격려하면서 우리는 공동체가 되었다. 아이들이 서로를 존중하길 바라며, 교사가 학생들을 먼저 존중할 때 비로소 공동체로 연결될 수 있었다. 존중은 존중하는 방식으로 전해져야 하기 때문이다. 나의 존중은 학생들과 눈을 맞추고, 진심으로 경청하고, 투정 부리거나 분노할 때도 차분히 기다려주는 것, 실수했을 때 수용하고 회복할 방법을 찾도록 돕는 것, 아주 조그만 성장이라도 보일 땐 뛸 듯 기뻐해 주는 것이었다. 학생들도 이걸 느꼈기에 서로를 자연스레 존중하게 된 것 같았다.

◇ 나의 신념 찾기

우리는 우리의 삶을 함께 이야기했다. 아이들은 자신이 주인공인 자기 삶의 이야기를 가장 좋아했다. 그리고 아이들이 마지막 수업에서 자신의 신념에 대해 "나는 나를 '난 소중해'라고 생각합니다. 나는 친구들을 '고마워'라고 생각합니다. 나는 세상을 '신나는 곳'이라고 생각합니다." "나는 나를 '사랑해'라고 생각합니다. 나는 친구들을 '특별해'라고 생각합니다. 나는 세상을 '재미있는 곳'이라고 생각합니다."라고 말하는 것을 보며, 아이들이 세상에 대해 긍정적으로 인식하게 된 것을 느꼈다. 네모별이 북극별을 향해 떠나는 여정에서 자기 행복을 찾아가듯 아이들 곁에도 행복이 스며든 것이다.

6. 자신감에서 뿌듯함으로 성장하는 우리

길을 헤매다

3월 초, 통합학급의 적응 기간 동안 은주의 생활을 관찰하기 위해 통합학급에 가면, 은주는 책상 위에 교과서만 올려놓고 늘 엎드려 있었다. 수업 시간에 잘 참여했는지 물어보면 은주는 아무런 대답도 하지 않았고, 또래 도우미 역할을 맡은 친구가 "모둠 활동에 참여해야 하는데 내내 엎드려 있어서 결국 함께하지 못했어요"라고 말했다. 은주는 등교 시간에 특수학급에서 오늘 배울 교과서와 수업 준비물을 챙길 때도 잘 준비했는지 물어보면 고개만 끄덕이거나 흔들 뿐, 아무런 대답도 하지 않았다. 점심 시간이나 하교 시간에 오늘 하루가 즐거웠는지 물어보면 그냥 문을 닫고 가버리거나 아주 가끔 "글쎄요"라는 대답만 들려주었다. 통합학급의 적응 기간이 끝나고 특수학급 수업에 참여할 때도 은주는 거의 엎드려 있었고, 참여를 독려하면 "싫어요"라는 말만 하고 다시 책상에 엎드렸다. "함께 해보자"라고 말하며 샤프를 손에 쥐어주면 "싫어요"라고 말하며 샤프를 던져버리고 팔짱을 낀 채 다시 엎드렸다. 절대로 일어나지 않겠다는 강한 의지를 보였다.

은주가 유일하게 엎드리지 않는 시간은 화장실을 다녀오는 쉬는 시간과 점심시간뿐이었다. 학기 초에 "수업 시간에 앉아 있으면 칭찬 스티커 1개를 붙이고, 총 10개를 채우면 레고를 받는다"는 행동 계약서를 작성해 보았지만 초반에 잠시 반짝일 뿐 소용없었다. 잠시 일어나 있다가 개인 과제를 부여하면 다시 책상에 엎드려 버렸다. "스티커 5개만 붙여보자"라고 제안해 보았지만 소용이 없었다. 은주가 좋아하는 레고를 수업교재로 활용하였지만, 은주는 책상에 엎드린 채 일어나지 않았다. 직업수업 시간에 요리 활동을 해도 은주는 엎드린 채 친구들의 활동을 지켜만 보았다.

특수학급 수업 시간 내내 엎드려 있기만 하는 은주의 무기력은 나에게도 전염되어, 학생을 위해 아무것도 할 수 없는 특수교사라는 낙인을 스스로에게 찍고 있었다. 학생의 삶에 의미 있는 배움을 불어넣어야 하는데, 은주에게 의미 있는 존재가 되지 못한 교사인 나는 점점 더 무기력해져, 은주가 특수학급 수업에 참여하기 위해 내려올 때마다 너무나 힘겹고 은주를 마주하는 것이 어려워졌다.

PDC에서 길을 찾다

은주의 무기력과 은주를 힘들어하는 나의 무기력을 떨쳐버리기 위해, 사막에서 오아시스를 찾듯이 은주가 중학교에 입학할 때 담당한 특수교사에게 연락하여 은주의 초등학교와 중학교 생활에 대해 이야기를 들었다. 그 후 나는 "은주와 다시 마주 보겠다"는 결심을 하게 되었다. 보호자의 무관심으로 인해 은주는 중학교 입학 시 특수교육대상자로 선정되었으며, 중학교에서 기본 생활 습관과 기초 학습이 시작되었지만, 여전히 받침이 있는 한글을 쓰거나 읽는 데 어려움을 겪고 있었다. "읽기와 쓰기" 능력이 부족한 은주는 친구들과 함께하는 모둠 활동이나 수업에 참여하여 긍정적인 결과를 경험하지 못했던 것이다. 또한 개인 과제를 수행할 때 어려움을 지속적으로 겪다 보니, 과제가 주어지면 바로 포기하고 책상에 엎드려 있었다. 결국 은주는 자신에 대해 "나는 아무것도 할 수 없는 사람이야"라는 자기 부정으로 학교 생활을 하며 무기력한 모습으로 자신을 드러내고 있었다.

'은주가 자신에 대한 부정적 인식을 벗어나 스스로를 사랑하는 사람이 된다면, 회색빛 은주의 삶을 형형색색 아름다운 색으로 바꿀 수 있을 텐데'라는 바람의 열쇠는 학급긍정훈육에 있었다. 학급긍정훈육법(PDC, Positive Discipline in the Classroom)에서는 사람이 행동하는 알고리즘(자신의 목표를 추구하는 데 도움이 되는 개인의 인지 구조)을 "사적논리"라고 명명한다. 즉 사적논리는 "제 눈의 안경"으로 주관적으로 의미를 부여하는 사고방식으로 개개인이 세상을 인식하고 수용함을 뜻한다. 그런데 사적논리가 부정적으로 작용하게 되면 상식적 논리와는 다르게 자기중심적이고 편향적 논리로 자신의 문제를 해결하게 된다. 또한 유아기 또는 아동기 부모 또는 양육자와의 관계 속에서 형성된 부정적 경험들이 사고와 신념들을 형성하는 과정에서 구축되어 궁극적으로는 개인의 생활양식으로 고착화되어 자신뿐만 아니라 대인관계에서도 부정적 영향을 끼치게 된다.

예를 들어, A와 B가 속한 학급은 학기말 활동으로 "친구에게 전하는 이야기"라는 주제로 롤링페이퍼를 작성하였다. 20명의 학생들이 롤링페이퍼를 돌려쓰다 보니 A와 B의 롤링페이퍼에는 18명의 친구들의 소감이 적혀 있었다. A는 "작성하지 못한 친구는 나를 싫어하나 봐"라고 생각하고 집에 가서 울음을 터트렸고, B는 "서로 돌려가면서 쓰다 보니 1명이 놓쳤겠지. 그럴 수 있지"라고 생각하며 가볍게 상황을 넘겼다.

동일한 상황에서 개인의 사적논리가 부정적 또는 긍정적으로 작용함에 따라 A와 B처럼 해석은 달라지게 되고 궁극적으로는 대인관계에서도 영향을 끼치게 된다. A처럼 사적논리가 부정적으로 작용하면 3가지 기본 오류가 발생한다. 첫 번째는 지나친 일반화이다. 일부의 문제를 다른 영역까지 확대 해석하여 확산하는 것이다. 두 번째는 안전 추구를 위한 그릇되거나 불가능한 목표를 갖는 것이다. 세 번째는 그릇된 가치관을 수용하여 확산하는 것이다. 은주의 사례는 지나친 일반화(친구들과 협력 활동에서 잘했던 경험이 없으므로 친구들은 내가 과제를 어려워한다고 생각할 거야)와 안전 추구를 위한 그릇된 목표(잘할 수 없으니 참여하지 말아야지), 그리고 그릇된 가치관(나는 장애가 있어서 쓸모없는 사람이야!)인 부정적 사적논리가 삶에 적용된 경우이다.

PDC에서 연결하다

♦ 주제 선정의 이유

은주의 낮아진 자존감을 향상시키고 공동체 속에서 모두가 소중하고 존중받아야 할 존재임을 알 수 있도록 자기이해에서 출발하여 자아 존중감을 향상시키고 자기격려를 통한 좌절 내구력을 키워 궁극적으로는 타인을 격려하는 태도를 갖추는데 목적을 두고 "자신감에서 뿌듯함으로 성장하는 우리"란 주제로 총 3차시 수업을 계획하였다.

♦ 수업 계획

학급긍정훈육 활동과 기본교육과정 국어-사회 과목의 내용 체계를 연계하여 교육 내용을 재구성하였다.

PDC 기술	다른 존중하기, 격려하기, 공헌하기				
통합 주제	공동체	역량	자기관리 역량 공동체 역량	교과	국어, 사회
활동 순서	수업 활동		활동 결과물		
1	자존감 up 프로젝트		나를 사랑해 십계명 제작		
2	세상을 바라보는 나의 안경 (사적논리에 대한 이해)		나만의 안경 제작하기		
3	Top을 활용한 다름 이해하기		여행 친구의 장점 찾기		

◆ 배움의 과정

2022 개정 교육과정의 내용체계에서 영역별 학습 내용을 세 가지 범주(지식·이해, 과정·기능, 가치·태도)로 구분하여 제시한 것을 특수교육대상 학생의 특성을 고려하여 구성하였다.

내용체계 범주	수업에서의 변환	적용
지식·이해	배움으로의 초대	지식을 공동체 활동을 통해 체득
과정·기능	배움큐브 쌓기	체득한 지식을 학생의 삶에 직접 적용
가치·태도	배움 퍼트리기	수업 결과물을 예술 활동과 연계하여 제작한 후 결과를 공유함으로써 학교 안 공동체에서 자존감을 향상

특수교육대상 학생의 행동을 "장애가 있으니까"로 통용되고 납득하던 관점을 넘어 개인의 기질과 양육 환경에 대한 이해에 기반하여 사회·정서적 관점에 기반한 수업을 진행될수록 무기력하던 은주는 자신이 가진 부정적 사적논리를 알아차리게 되

었고 서서히 무기력함에 벗어나 조금씩 통합학급과 특수학급 수업에 조금씩 참여하는 모습을 보였으며 자신의 언어로 자신을 표현하기 시작했다. 장애라는 겉껍질을 벗겨내고 만난 은주의 참자아는 찬란하고 아름다웠다. 그리고 은주의 "글쎄요"에는 아주 다양한 감정들을 표현하고 있음을 은주와 나를 연결하던 학급긍정훈육을 수업에 적용하면서 알아차리게 되었다. 성장은 은주와 교사인 나에게 동시에 일어나고 있었다.

◆ [1차시] 자아 존중감 UP 프로젝트

자아 존중감은 '자신을 가치 있게 여기는 태도나 생각'으로 아동이 사회적 관계를 맺는 과정 중에서 발생하는 갈등이 문제 상황의 해결 능력 및 상호 협동하고 긍정적 관계를 맺을 수 있는 유능감과도 밀접한 관계[10]가 있다. 특수교육대상 학생은 장애로 인해 개인이 갖는 장점보다는 단점에 집중되는 경험이 많고 특히 통합학급 및 또래 관계에서는 자신이 "의미 있는 존재"임을 자각하는 경험이 매우 부족하여 스스로를 가치 있는 존재로 인식하도록 자아 존중감 UP 프로젝트를 계획하였다.

◆ [2차시] 세상을 바라보는 나의 안경(사적논리)

시력이 나쁘면 안경을 쓰듯이 장애는 한 개인이 지닌 특성과도 같다. 그러나 학교 현장에서는 특수교육대상 학생의 행동 원인을 기질, 성격, 성장 과정에서 찾기보다는 일차적으로 장애에

배움 목표	자존감의 의미를 이해하고 자존감을 높이는 나만의 방법을 탐색한다.	
배움으로 초대	· 공동체 활동	
	교사	**학생**
	학교생활에서 상처가 된 말과 행동들은 무엇이었을까요?	상처가 된 말과 행동들의 종이에 작성 후 구겨 돌로 만들기
	다시 그 돌을 만나면 어떻게 할까요?	발로 차버린다, 도망친다, 선생님 도와주 세요, 눈과 손을 닫고 숨는다 중 선택하기
	[역할극 안내] 지금부터 선생님이 여러분이 만든 돌이 되어 여러분을 따라다닐 때 자신이 선택한 방법으로 돌을 치워보세요. · 학생은 자신이 선택한 방법으로 돌을 치우면 교사가 돌이 역할이 되어 학생에게 계속 되돌아감	
	[활동 후 생각하기] 우리가 선택(생각)한 방법들로 돌이 사라졌을까요? 돌과 함께 잘 지낼 방법은 무엇일까요?	
배움 큐브 쌓기	· 자아 존중감 이해하기	
	(활동 안내) 모두 일어나 실내화를 벗고 교실 바닥에 서 있으세요. – 모든 학생은 실내화를 벗고 교실 바닥에 서 있기 (질문) 신발을 벗고 바닥에 서 있으니 어떤 생각이 들었나요? (활동) 1명의 친구에게만 방석을 주고 방석 위에 서 있도록 안내 (질문) [다른 친구들을 향해] 지금 어떤 생각과 느낌이 들었나요? (질문) 자신에게 방석을 가져오고 싶은 사람이 있나요? (Tip) 직접 방석을 가져와서 자신의 바닥에 놓아주는 행위가 자존감이라고 설명	
배움 퍼트리기	· 자존감을 높이는 나만의 방법 찾기 (활동 1) 『나는 나를 사랑해』 그림책 함께 읽고 생각 나누기 (활동 2) 자기 자신을 사랑하기 위한 십계명 제작하기 (활동 3) 십계명 발표하고 친구 격려하기	

서 그 원인을 찾는다. 또한 특수교육대상 학생도 대인관계 및 의사소통 과정에서 생긴 오해를 자신이 가진 장애 때문이라는 한쪽의 시선으로 바라보는 경향이 있다. 이에 의사소통 과정을 방해하거나 왜곡하는 것은 사적논리에 기반함을 이해하고 부정적 사적논리를 벗는 방법을 탐구하도록 계획하였다.

배움 목표	사적논리를 이해하고 대인관계에서 사용하는 나의 사적논리를 알아차린다.	
배움으로 초대	· 공동체 활동	
	교사	**학생**
	안전한 공간에서 어떤 감정과 생각이 들었나요?	나만의 안전한 공간 만들기
	한 발이 밖으로 나왔을 때 어떤 감정과 생각이 들었나요?	안전한 공간 밖으로 한 발을 꺼내기
	두 발이 다 나왔을 때 어떤 감정과 생각이 들었나요?	안전한 공간 밖으로 두 발을 모두 꺼내기

배움
큐브
쌓기
	· 사적논리 이해하기
	(안내) 지금부터 여러분은 여러 산을 넘어가야 합니다. 자, 산을 함께 넘어봅시다.
	(활동) 첫 번째 산을 오르는데 돌에 걸려 넘어졌습니다. 어떤 감정과 생각이 드나요?
	(활동) 다시 산에서 내려와 2번째 산을 오릅니다. 돌이 있을까요?
	    돌이 있으면 왼쪽, 없다는 생각이 들면 오른쪽에 서 주세요
	(질문) 돌이 없었습니다. 왜 생각이 다를까요?
	(활동) 활동 2를 3~4번 정도 반복하며 돌이 있음을 교사가 선택하여 표시함
	(질문) 돌이 있었습니다. 왜 생각이 다를까요?
	(활동) 마지막 산을 오릅니다. 돌이 있을까요?
	    돌이 있으면 왼쪽, 없다는 생각이 들면 오른쪽에 서 주세요
	(안내) 돌이 있음을 선택한 학생에게는 돌이 그려진 안경을 쓰라고 안내
	    돌이 없음을 선택한 학생에게는 돌이 없는 안경을 쓰라고 안내
	(질문) "같은 상황에서 각자 다른 생각을 했습니다. 어떤 감정과 생각이 들었나요?"
	(Tip) 안경에 돌이 있고 없음을 선택한 것은 자신이므로 사적논리는 개인적인 인지구조인 것을 설명함.	

| 배움
퍼트리기 | · 나만의 사적논리 벗기
(활동 1) 나만의 안경(사적논리)을 그리고 색 넣기
(활동 2) 친구가 가진 색 관찰하고 나만의 안경(사적논리)을 쓰고 친구 색 관찰하여
비교하기
(활동 3) 나만의 안경을 벗는 방법 찾고 생각 나누기 |

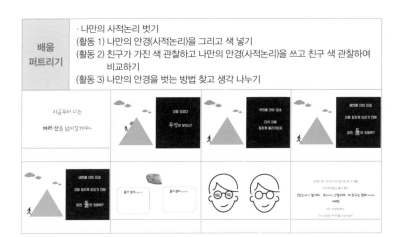

♦ [3차시] Top 카드를 활용한 다름 이해하기

인디언의 속담 중 "그의 모카신을 신고 두 개의 달을 걸어 볼 때까지 그 사람을 판단하지 마세요"라는 말이 있다. 부정적 사적논리는 대인관계에서 타인의 장점을 가리고 단점만 부각시키는 큰 힘을 발휘하여 학생의 성장을 멈추도록 한다. 이에 Top 카드 활동을 통해 타인을 바라보는 자신의 부정적 사적논리를 벗고 "있는 그대로 존재"를 인정하고 수용하는 경험을 하도록 계획하였다.

배움 목표	나와 다른 사람들의 다름을 인정하고 수용한다.
배움으로 초대	· 공동체 활동 (안내) 지금부터 여행을 떠날 거예요. 나만의 가방에 내가 좋아하는 물건들을 담 아보세요. (활동) 나만의 여행 가방을 만들고 물건 그려 넣기 (교사 활동) 학생들의 여행 가방을 전시하기 (활동) 친구의 여행 가방에 대해 익명으로 품평하기 (질문) 내가 좋아하는 여행 가방에 대한 부정적으로 표현한 글을 읽고 어떤 생각 과 감정이 들었나요? (활동) 나와 친구들의 여행 가방에 든 물건들을 관찰하기 (질문) 물건의 차이점은 왜 생겼을까요?
배움 큐브 쌓기	· Top을 활용한 다름 이해하기 (안내) 4가지 유형의 동물을 소개하며(독수리, 사자, 카멜레온, 거북이) 나의 여행 가 방과 함께 같이 여행할 친구를 찾아봅시다. (활동 1) 함께 여행하고 싶은 동물을 선택하고 선택하지 않은 다른 동물의 이유를 적어봅시다. (질문) 내가 좋아하는 동물을 친구들의 선택하지 않은 이유를 읽고 어떤 생각과 감 정이 드나요? (질문) 만약 우리 반에 같은 동물만 있다면 어떤 일이 생길까요? 모두가 같은 생각 을 한다면 어떤 장단점이 있을까요? (Tip) 동물을 통해 친구와 나의 다름을 이해하고 다름을 표현할 때 단점보다는 장점 에 집중하도록 안내
배움 퍼트리기	· 친구의 장점 찾기 (안내) 동물을 친구로 바꾸어서 다시 떠나봅시다. (활동 2) 사자와 함께 떠난다면 긍정적 영향과 함께 할 노력 작성하기

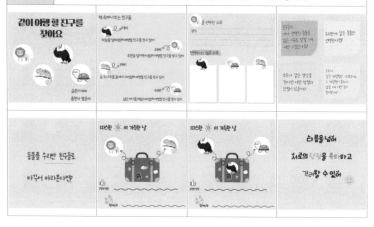

7. 불완전한 나를 수용하는 용기

길을 헤매다

◆ 열등감을 안고 사는 아이들

인간은 모두 작고 연약하게 태어난다. 다른 동물들과 달리 인간은 오랜 기간 타인의 보살핌이 필요하며, 건강한 어른의 정서적 지지와 바람직한 모델링을 통해 비로소 인격을 갖춘 성인이 될 수 있다. 인간은 사회적 관계 속에서 생명을 유지할 수 있는 존재이므로, 가정이나 학교, 형제자매, 또래와 함께 살아가면서 타인과 비교하게 된다. 이 과정에서 신체적 열등감과 심리적 열등감이 나타날 수 있다. 우리 학생들은 '특수'라는 이름이 붙는 순간 자신이 마이너스 위치에 있다고 자연스럽게 인식하게 된다. 이러한 인식은 과장된 열등감 콤플렉스를 낳아 학생들을 위축시키고 좌절하게 만든다.

가시적으로 보이는 신체적 또는 학습적 열등감을 가진 학생들은 학교에서 또래들과, 가정에서 형제자매와 비교하며 부적절한 행동을 할 가능성이 높다. 열등감이 긍정적으로 발현된다면 그것이 성장의 에너지가 될 수 있으며, 이를 위해서는 건강한 성인의 조력이 필수적이다.

교사들은 학생들이 졸업 후 사회에서 살아갈 때 가장 중요한 역량이 무엇일지에 대해 많은 이야기를 나눈다. 직업을 가지는 것이 좋겠지만, 그렇지 못한 아이들도 있어 결국 가정으로 돌아가는 아이들도 있다. 그렇다면 고등학교 시기는 아이들이 또래 집단과 함께 생활하며 성인기로의 준비를 하는 유일한 시간이다. 수업을 진행하다 보면 아이들이 자신의 강점이나 장점을 찾는 데 어려움을 겪는 경우가 많다. 결석이나 조퇴가 없는 아이들에게 '성실하다'거나 '건강하다'고 언급하면 어떤 아이는 "지난달에 조퇴 몇 번 했는데요?"라며 자신의 장점을 거부하는 듯한 태도를 보이기도 한다. 반면, 단점을 찾으라고 하면 '공부를 못해요', '운동을 못해요', '발표를 못해요'라는 답을 넘어 '잘하는 게 없어요'라고 말하며 교사의 마음을 무너지게 하기도 한다.

'특수'라는 제2의 이름으로 불려온 아이들이 내면에서 더 나아지거나 성장하려는 용기를 포기한 듯할 때 안타깝고 속상하다. 학생들의 단점을 장점으로 바꾸어 생각해 보고, 그들의 내면 속에 긍정적인 요소를 끌어내고 싶다. 마지막으로 '용기'라는 가치를 내면화하는 단점이 많지만 여전히 가치 있는 존재로서 살아가는 행복을 알게 하고 싶다.

PDC에서 길을 찾다

◆ 불완전할 수 있는 용기

불완전할 수 있는 용기는 루돌프 드레이커스^{Rudolf Dreikurs}가 발전시킨 중요한 개념이다. 우리는 완벽해지는 것이 불가능함에도 불구하고 높은 경쟁 기준을 세우고 아이들에게 남들보다 우월해지기를 강요하고 있다. 장애를 가진 우리 아이들은 성장하면서 주변 어른들과 친구들로부터 항상 부족하고 모자란 점을 인식하게 강요받고 있다. 중고등학교에 진학하면서 학업과 성적이 능력을 대표하게 되고, 이는 아이들의 순위를 매기는 데 가장 중요한 요소가 된다. 낙담한 아이들은 불완전할 용기가 부족하여, 여전히 자신의 고유하고 독특한 강점을 발견하지 못하고 부정적인 자아 인식을 가지게 된다.

특수학급이라는 명패를 단 아이들은 어떤가? 그들은 라벨링을 넘어 열등함을 내재화하며 학교 생활을 하고, 그 속에서 많은 소외를 경험한다. 장애라는 명칭이 아닌, 우리 아이들이 가지고 있는 잠재력을 인정하고 그것을 활용할 용기를 갖도록 하는 것은 자존감과 소속감을 위해 매우 중요하다.

용기는 "인간이 성장하고 발달하도록 달성하고자 하는 목표를 향해 행동하게 하는 삶의 원동력"으로 정의할 수 있다.[11] 용기^{courageness}의 어원인 'coeur'이 심장을 의미하는 것을 생각해 보면 심장이 활동하도록 하여 행동하게 하는 원동력을 의미한다고 본다. 즉, 용기는 도전에 응하고자 하는 의지와 장애물을 성공을 위한 기회로 바라보는 것을 의미한다. 어려움이 있는 상황에서 위험을 감수하고 앞으로 나아가려는 마음이다. 용기가 있는 아이들은 실수를 두려워하지 않고 도전하게 되며, 이는 자기 자신에 대한 신뢰에서 비롯된다. 남 탓을 하면서 다른 사람에게 책임을 미루는 것과 달리, 용기 있는 아이는 자기 신뢰를 바탕으로 스스로 책임을 지는 것을 두려워하지 않을 것이다.

청소년기를 맞이하는 장애를 가진 우리 아이들은 중고등학교 생활에서 자신의 장애를 수용하고, 이로 인해 발생하는 실수를 두려워하기보다는 남의 탓을 하지 않고 배워야 할 사회적 기술을 익히는 것이 중요한 진로 역량이다.

용기를 얻기 위해서는 작은 성취를 알아차리고 긍정하며 기회와 도전 과제에 직면하는 태도가 필요하다.

아이들이 장애를 열등감 덩어리가 아니라 긍정적으로 수용하고 가려진 장점을 발견해 내어 강점을 기반으로 살아가면서, 직면하는 곤경에서 해결책을 찾아내기 위해 노력하는 태도를 가지게 된다면 스스로를 귀한 존재로 여기고 자존감을 가지고 살아갈 수 있을 것이다.

아이들이 고등학생이 되면 졸업 후 생계를 위해 직업과 진로에 대한 관심을 강요받게 된다. 건강한 직업인이 되기 위해 '진로와 직업'이라는 과목을 배우게 되며, 가장 먼저 다루는 학습 요소는 직업 생활의 의미와 함께 '나의 이해'라는 주제이다. 우리 아이들은 특수학급으로 분리되면서 자신이 공부를 못한다는 인식을 하게 되고, 부모나 교사, 친구들로부터 부정적인 경험이 누적되면서 자신의 장점을 인식하지 못하게 된다. 아이들은 자신의 장애를 이미 인식하고 있지만, 이를 건강하게 수용하기 위해서는 강점을 찾는 것이 중요하다. 이 수업의 목적은 인간은 누구나 약점을 가지고 있으며, 약점을 어떻게 받아들이고 용기 있게 살아가는 방법을 배우는 것이다.

따라서 아이들이 자신의 열등감을 수용하고, 이로부터 강점을 발견하여 자존감을 높이며 실수를 두려워하지 않고 문제를 해결하는 데 도전하는 용기를 가지도록 하는 활동으로 구성한 수업을 소개하겠다.

[도넛 활동]

◇ 목적

우리 학생들은 자신의 장점을 찾는 일을 매우 어렵게 여긴다. 단점은 확실하게 인식하는 반면 장점을 물어보면 머뭇거린다. 도넛 활동으로 친구와 서로 장점을 찾고 내가 미처 발견하지 못한 장점을 서로 발견하면서, 자신이 잠재력을 가진 사람임을 깨

닿게 한다. 또한 이 활동을 통해 단점이 아닌 강점을 기반으로 긍정적인 자기효능감을 갖도록 도와준다.

◇ **활동의 흐름**

— (도넛 구멍 탄생의 비밀) 도넛의 구멍이 의미하는 것을 생각한다.

— (내가 생각하는 나의 단점 말하기) 누구나 단점이 있음을 안다.

— (친구의 단점을 장점으로 바꾸어 말하기) 단점을 장점으로 바꾸어 생각한다.

— (강점 선물하기) 친구의 장점을 적은 포스트 잇을 선물한다.

— (용기 가지기) 내가 부족한 점을 보완할 수 있는 것을 찾아본다.

— (활동 후 느낀 점 나누기) 도넛 활동을 통해 배우거나 느낀 것을 나눈다.

◇ **교수 학습 활동**

도넛 구멍 탄생의 비밀	구멍이 있는 도넛은 1847년 네덜란드계 미국인 한센 그레고리_{Hanson Gregory}의 아이디어에서 시작되었다고 한다. 도넛의 구멍은 도넛이 쉽게 익을 수 있도록 해주며, 구멍이 뚫린 도넛은 실수로 만들어졌다는 설도 있다. 그러나 이 실수가 도넛의 상징이 되어 가운데에 구멍이 뚫린 모양을 '도넛 모양'이라고 부르기도 한다.

내가 생각하는 나의 단점 적기	· 도넛에서 가장 먼저 보이는 것이 무엇인가요? · 구멍의 비밀을 읽고 나의 구멍이 무엇인지 생각해 봅시다. · 그림에 내가 생각하는 나의 단점을 적어보세요. 단, 나의 단점은 외모보다 특성을 적습니다. · 나의 성격이나 특성 중 부족하다고 생각하는 것을 도넛 그림 구멍에 적으세요. · 구멍에 적은 단점을 왜 그렇게 적었는지 말해 보세요.
친구의 단점을 강점으로 바꾸어 말하기	친구의 단점을 듣고 장점으로 바꾸어 포스트잇에 적는다. 한 장에 한 가지씩 적는다.
강점 선물하기	친구의 장점을 적은 포스트잇을 선물한다.
용기 가지기	내가 부족한 점을 보완할 수 있는 것을 찾아본다.
활동 후 느낀 점 나누기	활동으로 배운 점을 나누기

[용기 있는 사람이 되기 위한 활동]

◇ 목적

용기 있는 사람이 되려면 과거의 고정 마인드셋에서 벗어나 성장 마인드셋을 경험하는 것이 필요하다. 과거 낙담했던 태도를 용기 있는 자기 신뢰의 태도로 변화를 시도한다. 용기 있게 말하는 방법을 연습해 본다.

◇ 활동의 흐름

— (용기 있게 자신을 바라보는 방법) 용기 있는 사람의 특징 알기

— (용기 있게 말하는 방법) 용기 있게 말하는 방법 알기

— (짝과 용기 나누기) 말하는 사람과 듣는 사람이 되어 용기
있는 말 나누기

— (나의 단점 수용하기) 자신이 알아차린 단점을 보완하는
방법 찾기

— (활동 후 느낀 점 나누기) 활동 후 느낀 점 나누기

◇ 교수·학습 활동

용기 있는 사람의 특징 알기	물컵에 담긴 물의 양을 바라보는 관점으로 성장 마인드셋 경험하기
장점 나열하기	잠깐 멈추어서 성격상 장점을 생각한다. (예) 타인의 말을 잘 들어준다. 타인을 배려한다. 동물을 잘 보살핀다. 인사를 잘한다.
용기 있게 말하는 방법 알기	"나는 ~할 거예요." " 나는 ~를 성공할 거예요."
짝과 연습하기	말하는 사람과 듣는 사람이 되어 연습한다. 용기 있는 말을 하고 들은 느낌을 나눈다.
나의 단점 수용하기	나의 약점을 수용하고 문제가 발생했을 때 보완하는 방법 찾기
활동 후 느낀 점 나누기	활동으로 배운 점을 나누기

[격려]

◇ 목적

어원적으로 보면 격려는 용기^{courage}를 갖도록 북돋아 주는 것이
필요하다. 반면에 격려의 반대인 낙담^{discourage}은 용기를 갖도록 북
돋아 주는 것이다. 격려 활동을 통해 용기를 갖도록 한다.

◇ 활동의 흐름

— (칭찬을 받은 느낌은 어떠한가?) "잘했어.", "넌 훌륭해."라 는 말을 듣고 어떤 느낌이 드는지 말하기

— (격려란 무엇일까?) 용기를 북돋우기 위한 격려 방법 알기

— (친구의 장점을 어떻게 격려할까?) 친구의 장점을 찾고 "덕분에 ~해." 또는 "네 ~이 감사해."라고 하기

— (나를 격려해 볼까?) 스스로 '토닥토닥' 하기

◇ 교수·학습 활동

칭찬을 받은 느낌 말하기	교사가 말하는 "최고야", "참 잘했어요!"를 듣고 느낌을 말한다. 교사가 말하는 "네가 청소를 한 덕분에 교실이 깨끗해.", "네가 그린 그림은 색감이 참 잘 어울려."를 듣고 느낌을 말한다.
격려하는 방법 알기	칭찬과 격려의 방법이 무엇이 다른지 비교한다.
친구의 장점 격려하는 법 알기	"덕분에 ~해.", "덕분에 감사해."를 말하면서 연습한다.
나 격려법	토닥토닥 나에게 "~해."라고 격려한다.

PDC로 연결하다

◇ 격려의 기술

"진정한 힘은 타고난 재능에서만 나오지 않고, 어려움과 용기 있게 맞서 싸울 때 나타난다. 승리한 사람은 누구나 진정한 힘을 얻게 된다."(아들러)

"식물에게 물과 태양이 필요하듯이, 인간에게는 격려가 필요하다."(드레이커스)

만약 당신이 많은 실패와 좌절로 낙담하여 옴짝달싹 못 하고 실의에 빠져 있다면, 당신이 활동하도록 하는 삶의 원동력인 용기를 갖게 하는 격려가 필요하다.

◇ 불완전할 용기

아들러와 드레이커스는 인간에게 가장 중요한 용기를 '불완전할 용기$^{courage\ to\ be\ imperfect}$'라고 하였다. 이들이 불완전할 용기를 강조한 이유는 인간 본성에 근거한 그들의 확고한 신념에서 비롯된다. 인간이 불완전한 존재로서 있는 그대로 자신을 수용할 용기가 불완전할 용기이며, 흔히 '진정한 치유는 있는 그대로 자기가 되는 것'이라고 말한다.

우리 학생들은 잦은 실패나 실수로 낙담할 일이 많으며, '특수'라는 라벨이 그것을 상징한다고 생각하기도 한다. 외적으로 보이는 신체의 불편함은 타인에게 더 드러나므로, 자신에 대한 부정적인 감정에 사로잡혀 있는 학생도 있다.

다음은 지체장애 학생과의 짧은 대화이다.

학생: '나는 몸이 불편하니까 할 수 없는 것이 많다. 나는 왜 이렇게 태어났을까? 나는 어떻게 살아가야 하나?"라는 생

각이 떠나지 않아요. 사춘기라서 그럴까요? 한숨이 쉬
어져요.

교사: 너는 공부에 흥미가 있고 매사 열정적인 성격인데 그래
서 친구들에게 인기가 높잖아.

학생: 친구들이랑 비교해 보면 달리거나 뭘 수도 없어요.

교사: 네가 바꿀 수 없는 것보다 네가 잘하는 것에 감사하면
어떨까? "나는 있는 그대로 충분히 괜찮아. I am good
enough as I am!이라고 소리 내어 말해봐."

학생: 속이 시원한 것 같아요. 친구들이 제 에너지를 부러워해
요. 이 에너지가 내 공부의 원동력이거든요.

용기 있게 자신을 바라보는 방법

PAST	FUTURE
나는 변화할 수 없다고 믿음	비록 변화하는 것은 쉽지 않지만, 용기를 가지고 변화할 수 있다고 믿음
과거에 대해 죄책감을 느끼는 것은 도움이 된다고 믿음	죄책감은 변화를 피하려고 비생산적인 변명에 불과하다고 생각함. 나는 이제 결단력 있는 사람이 되고 죄책감을 느끼지 않을 것임
내가 실수할 때마다 끔찍하게 괴로움	실수를 성장을 위한 자연스러운 과정으로 여김. 나는 불완전해질 용기를 키워갈 것임
나는 다른 사람이 원하는 대로 되어야 한다고 생각함	나를 다른 사람의 틀에 맞추지 않고 남과는 무관하게 내가 되고 싶은 사람이 됨
나 자신, 다른 사람 또는 세상을 비난함	자신의 인생에 대해 스스로 책임짐
과거 속에서 삶	현재 속에서 삶
자신을 싫어함	자신을 사랑함
인간으로서 나의 가치는 내가 얼마나 이루느냐 또는 내가 어떠한 사람이냐에 달려있다고 생각함	나는 존재한다는 이유만으로도 가치 있다는 것을 인지함
미래에 일어날 수 있는 온갖 재앙에 대해 걱정함	현재의 인생을 살아가고 지금 현존한 문제를 직면함
나는 단점만 가지고 있고 가치가 없는 사람이라고 느낌	나는 장단점을 가지고 있는 복합체인 것을 알게 됨

참고문헌:『격려기술』(학지사)P331

친구의 단점을 강점으로 바꾸기

1. 긍정적 생각이란 무엇일까? 물이 담긴 컵을 보고 물의 양을 표현해 봅시다.

2. 나의 단점을 보완할 방법을 적어봅시다.

친구의 이름	단점	장점

3. 친구가 바꿔 말해준 나의 장점을 다음 표에 적어봅시다.

장점	설명

용기 있는 말하기

1. 용기 있게 말하는 방법을 알아봅시다.

PAST	FUTURE
나는 할 수 없어요.	나는 할 거예요.
일이 절대로 이렇게 되면 안 돼요.	이렇게 안 되었으면 좋겠어요. 그렇지만 내가 원하는 대로 되지 않을 수도 있어요.
나는 이래요.	과거에 나는 이랬죠.
그들에 따르면	내 생각에
나는 절대 ~를 못할 거예요.	나는 ~를 성공할 거예요.
모 아니면 도예요. (타협 없음)	어느 정도는….
잔혹한 끔찍함, 지독한, 재앙의	불운한 또는 불편한

참고문헌: 격려기술(학지사)

2. 나의 단점을 보완할 방법을 적어봅시다.

특성	보완 방법	기대되는 결과

3. 짝과 함께 용기 있게 말하고 격려해 봅시다.

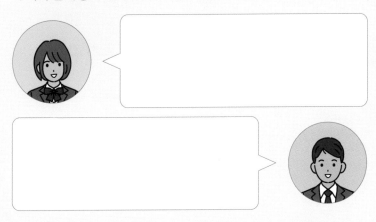

4. 짝에게 용기 있게 할 말을 적어봅시다.

(예) 과거에 나는 ( )했어요. 이제 나는 ( )를 하여 ( )할 것이에요.

5. 옆 사람과 짝이 되어 마주 보고 위에 적은 말을 해봅시다.

6. 활동하고 느낀 점을 적어봅시다.

나는 믿고 세상 속으로, Jump!

길을 헤매다

특수교육대상 학생을 양육하거나 교육하는 부모와 선생님들은 긍정훈육이 과연 효과가 있을지 의문을 품는다. 정확히 말하자면, 이는 의심일 것이다. 나 역시 그랬다. 긍정훈육이 특수교육에서 흔히 사용하는 문제 행동 중재와는 무엇이 다르고, 얼마나 더 효과가 있을지 궁금했다. 지적 능력이 낮은 학생들에게 지시보다는 질문을 던져 과연 행동의 변화를 이끌어낼 수 있을까? 강화와 벌을 반복적으로 경험하며 자라온 학생들이 내 의도를 이해하고 받아들일 수 있을지에 대한 걱정도 들었다. 특수교육대상 학생들은 개개인의 특성과 처한 상황이 매우 다르다. 긍정훈육이 마법처럼 오늘 어긋난 목적행동을 하는 학생을 내일 성숙한 아이로 만들어낼 수 있다고 말하기는 어렵다. 이는 단기간에 눈에 띄는 행동 변화를 느끼지 못할 수 있다는 의미이다. 그러나 오늘의 나는 매일의 긍정훈육이 겹겹이 쌓여 먼 훗날 조금 더 성장한 특수교육대상 학생을 만날 수 있을 것이라고 확신한다. 어긋난 목적행동에 초점을 맞추기보다는 그 학생을 존재 자체로 온전히 받아들이는 것에서 긍정훈육이 출발하기 때문이다.

PDC에서 길을 찾다

학교에서의 일과는 매일 바쁘게 돌아간다. 교과 수업, 창의적 재량 활동, 각종 학교 행사를 숨 가쁘게 소화해야 한다. 내가 있었던 특수학교 중 고등학교는 교과제로 운영되어 맡은 교과의 내용을 온전히 지도할 시간조차 부족했다. 한 학급 안에서도 학생들의 수준은 천차만별이었다. 긍정훈육의 다양한 활동을 아이들과 함께 하고 싶었지만, 시도할 엄두가 나지 않았다. 그렇게 또 새 학기가 다가왔다. 그 해, 나는 특수학교 고등학생 2학년을 대상으로 진로와 직업 교과를 맡게 되었다. 올해는 수업에 긍정훈육을 가득 담아보겠다는 결심을 하고, 관련 있는 단원을 긍정훈육 활동들과 연결하여 교육 과정을 재구성하기로 했다.

PDC로 연결하다

고등학교에서의 주요 관심사는 졸업 이후의 삶이다. 학교를 벗어나 사회로 나가는 첫걸음의 기초를 탄탄하게 다져주고 싶었다. 직업과 관련한 다양한 기술을 수없이 반복 연습하여 취업하더라도, 직장에서 감정 조절이나 의사소통이 원활하지 않아 가정으로 돌아오는 경우를 종종 보았다. 이는 매우 안타까운 현실이었다. 개성과 성격이 다른 사람들이 모여 공동의 목표를 추구하는 직장에서는 개인이 지켜야 할 행동 규범을 알아야 한다. 또한 직업 생활을 원만하게 하기 위해서는 직장에서 지켜야 할 기본 예절과 함께 직장인의 마음가짐도 중요하다는 것을 알려주고 싶었다.

직업 생활에서 적절한 감정 표현을 하는 것은 필수적이며, 직장에서의 감정 표현은 일상생활에서 자유롭게 표현하는 개인 감정과는 달리 절제되어야 한다는 점을 이해해야 했다. 그래서 긍정훈육의 다양한 활동 중에서 의사소통 기술, 감정 조절 및 감정 표현과 관련한 활동으로 구성하기로 했다.

[기본교육과정 고등 진로와 직업 교과 수업 설계]

하위 주제	성취 기준	차시	평가 계획	수업 계획
예의 있는 직장인	[12진로06-05] 직장에서 상대와 상황에 맞게 의사소통하고 대화 예절을 지켜 원만한 대인관계를 유지한다.	1 ₹ 2	· 직장에서 상황에 맞게 인사하는 역할극 하기	· 인사할 때 바른 자세 알기 · 직장에서 다양한 상황에서 인사하는 방법 알기 · 직업 생활에서 갖추어야 할 인사 예절을 알고 역할극 하기
		3	· '경청 기술' 활동하고 느낀 점 이야기하고, 직장에서 지켜야 할 대화 예절 찾기	· '상처받은 영대' 활동하기 · 직장에서 말과 행동의 중요성 알기 · '경청 기술 1-비언어적 표현과 함께 경청' 활동하기 · '경청 기술 2-그룹에서 경청' 활동하기 · 직장에서 지켜야 할 대화 예절 알기

		4	· 기쁨, 화남, 슬픔, 두려움이라는 4가지 기본 감정으로 나누어 차트 만들기	· 좋아하는 TV 드라마에 나오는 인물의 표정을 보고 어떤 감정인지 이야기하기 · '기쁨, 화남, 슬픔, 두려움' 활동하기
자기 조절하는 직장인	[9진로01-06] 사회생활 속에서 자기 생각과 감정을 조절하며 배려·협동·봉사를 실천한다.	5	· 감정 얼굴 차트 만들기	· 감정이 드러나게 표정 꾸미기 · '감정 얼굴 차트' 활동하기 · 업무와 관련하여 적절한 감정 표현하기
		6	· 감정 체크인을 통해 자신의 감정에 해당하는 감정카드 고르기	· 인물의 감정과 어울리는 음악 찾기 · '감정 체크인' 활동하기 · 직장의 다양한 상황에서 감정을 적절하게 표현하기
		7	· 짝꿍과 손바닥 뇌이론 서로 설명하기	· 화가 났을 때 어떻게 행동하는지 이야기하기 · '긍정적 타임아웃과 손바닥 뇌이론' 활동하기 · 직업 생활에서 감정 조절이 중요한 이유 이야기하기
		8	· 자신의 마음에서 비우고 싶은 감정을 이야기하고, 부정적인 감정 비우기	· 부정적인 감정을 해소할 수 있는 활동 알아보기 · '감정 비우기' 활동하기 · 직업 생활에서 상황에 맞게 감정 조절하는 연습하기
		9	· 긍정적 타임아웃을 위한 회복 공간을 만들고, 규칙 정하기	· '긍정적 타임아웃과 회복 공간 만들기' 활동하기 · 직장의 다양한 상황에서 자신의 감정 조절하는 연습하기
		10	· 엘보게임, 요가, 명상 등 자기 조절을 위한 활동 연습하기	· 감정카드의 표정 따라 하기 · '알아차림과 자기 조절을 위한 활동'하기

◇ 동영상 시청하고 '영대 아저씨' 소개하기

이 중에서도 인상 깊었던 3차시 ['상처받은 영대' 활동을 통해 직장에서의 대화 예절의 중요성 알기]를 함께 나누고 싶다.

기존 PDC에서의 '상처받은 영대' 활동에서는 영대라는 학생이 전학을 오는 것으로 이야기가 시작된다. 그러나 나는 '영대 아저씨'라는 가상 인물을 한 아파트 입주민들에게 폭언을 듣는 경비원으로 설정했다. 이에 대한 이해를 돕기 위해 실제로 폭언을 듣는 경비원에 관한 이야기를 담은 EBS 동영상을 짧게 시청했다. 그리고 경비원 아저씨 그림을 큰 전지에 뽑아 보여주며 이야기를 나누었다.

"이 직장에서 영대 아저씨는 환영받지 못해요. 영대 아저씨는 어떤 말을 듣고 상처를 받았을까요?"

동영상에서 나왔던 폭언들을 기억해 내는 학생들이 대답했고, 나도 힌트를 주며 더욱 확장할 수 있기를 도왔다.

'왜 분리수거가 이 모양이야?' '낙엽 떨어진 거 치우라고!' '자리 안 지키고 뭐 하는 거야?' 학생들이 상처받은 말에 대해 대답할 때마다 영대 아저씨 종이를 조금씩 구겼다. 조금씩 구길 때마다 학생들은 당황했는지 얼음이 되었다. 그러나 나는 평소에도 우리가 들을 법한 상처받은 말들을 덧붙이며 공 모양이 될 때까지 완전히 구겼다.

"영대 아저씨는 지금 어떻게 되었나요? 영대 아저씨가 다음 날 직장에 다시 가고 싶을까요?"

학생들은 '구겨졌어요.' '회사에 가기 싫어요.' '안 가요.'라며 인상을 찌푸리며 영대 아저씨의 마음을 이해해 보려 애썼다.

◇ '영대 아저씨' 격려하기

잠깐의 침묵으로 숙연한 분위기를 바꾸는 질문을 던졌다.

"영대 아저씨가 직장에서 다시 환영받는다고 느끼게 하기 위해서는 뭐라고 이야기할 수 있을까요?”

격려 문장을 들어본 경험이 적은 우리 학생들에게는 떠올리기가 어려운 눈치였다. 나는 주변에서 쉽게 접할 수 있는 격려 문장을 담은 카드를 나누어주었다. 그리고 큰소리로 읽을 수 있도록 도왔다. 글을 읽기 어려운 학생들은 격려카드를 따라 읽거나 영대 아저씨 옆에 카드를 직접 붙일 수 있도록 하였다.

‘감사합니다.’ ‘힘내세요.’ ‘그동안 힘드셨겠어요.’ 격려하는 말을 할 때마다 종이를 조금씩 펼쳤다. 종이가 다 펼쳐질 때까지 학생들은 큰소리로 격려 문장을 외쳤다. 마침내 구겨졌던 종이가 다 펴졌다.

“이제 종이가 다 펴졌네요. 영대 아저씨에게는 어떤 마음의 변화가 있었을까요?”

‘회사에 가고 싶어요.’ ‘따뜻해요.’ 학생들도 격려 문장을 읽으며 표정이 전보다 밝아졌다.

◇ 사라지지 않는 주름

종이가 다 펴졌지만 구깃구깃한 영대 아저씨를 보여주며 물었다.

“그런데 이 주름들을 완전히 없앨 수 있을까요? 여러분 마음 속에도 이런 주름들이 있나요?”

교실에는 정적이 흘렀다. 주름이 완전히 없어지지 않는 것처럼 한 번 받은 마음의 상처는 쉽게 치유되기가 어렵다. 이런 상처들은 우리가 평소에 하는 말과 행동으로 생길 수 있다는 것을 배우는 순간이었다. 우리 주변에 하찮은 직업은 없고 모든 직업은 소중하다는 것을 느끼도록 하였다. 격려하는 말을 통해 마음이 따뜻해짐을 느끼고 평소에도 이를 실천해야 한다고 이야기 나누었다.

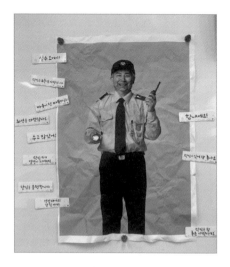

앞으로 나아가다

긍정훈육을 알기 전과 후를 비교해 보면 가장 큰 차이점은 나의 관점 변화이다. 관점이 바뀌니 마음이 한결 편안해졌다. 긍정훈육의 기본적인 가치와 신념을 곱씹으며 특수교육대상 학생들의 개별 특성과 교육적 요구에 맞춰 실천하고 적용해야 한다. 그러나 그동안 나는 특수교사로서 저 마음 깊숙한 곳에 특수교육대상 학생들에 대한 선입견과 불신이 있었던 것은 아닐까? 장애를 프레임으로 삼아 성장 가능성을 발견하지 못한 것에 대해 미안한 감정이 들었다. 모든 인간이 추구하는 존재감과 소속감을 오로지 진단명에만 집중하며 외면했던 것은 아닌가 싶다. 결국 인간은 사회와 관계 속에서 살아간다. 특수교육대상 학생들도 예외가 아니다. 이들이 사회 안에서 기여하고 공헌하는 사람으로 성장하게 하려면, 사회적으로 유용한 방식으로 존재감과 소속감을 느낄 수 있도록 해야 한다. 수면 위에 드러난 문제행동만을 집중적으로 다루기보다는, 행동 이면에 있는 진정한 욕구를 알아주어야 한다.

직장 예절은 단순히 지식으로 익히는 것이 아니라 일상생활에서 반복적인 연습이 필요하다. 직장에서뿐만 아니라 일상에서도 대화 예절을 지키는 것이 중요하므로, 역할극을 통해 이를 연습하는 시간을 가졌다. 상대방의 눈이나 얼굴을 바라보며 이야기 중에 끼어들지 않고 경청하는 상황을 역할극으로 구성했다. 주의 집중력이 떨어지는 특수교육대상 학생들에게는 이러한 순간마다 집중과 연습이 필요한 부분이다. 또한, 적절한 표정과 몸짓, 크기로 말하는 것도 중요하다. 비장애 학생들에게는 너무나 당연할 수 있지만, 특수교육대상 학생들은 직장에서의 역할극을 통해 반복적으로 연습함으로써 이를 익히고 배울 수 있을 것이다. 직장에서 말과 행동이 어떤 영향을 미치는지를 이해하고, 예의 있는 행동을 할 수 있는 직장인으로 성장하기를 바란다.

오늘 우리 반의 이 학생이 훗날 함께 일하는 동료들에게 웃으며 격려의 말을 건넬 수 있는 멋진 사람이 되기를 진심으로 응원한다.

COOL!

제3부

PDC로
관계 맺기와
협력

이 글은 아이를 만나면서 함께 만나게 되는 사람들과 학급긍정훈육을 실천했던 이야기입니다. 학생의 보호자, 통합학급 담임교사, 통합학급의 또래 친구들과 함께 만들어 가는 시간들은 반드시 필요합니다.

긴장하는 신학기에 학생과 학부모를 만나는 시간, 통합학급의 친구들과 우리 아이를 이해하는 시간, 특수교육 지원 인력과 협력하는 시간들을 긍정훈육으로 채우는 방법을 사례로 제시하였습니다.

우리는 연결 고리가 끊어지기 쉬운 '누군가'와 PDC를 함께 나누고 실천하면서 학생과 함께하는 또래들, 보호자 및 통합학급 담임교사들과 깊이있게 연결되기를 바랍니다. 이 글은 학생의 성장을 위해 학부모와 통합학급 교사 및 또래들과 의미있는 관계를 만들기 위해 실천한 사례를 담고 있습니다.

1

공감과 격려로 학부모와 나란히 걷기

관계에 대해 고민하다

♦ 2월마다 찾아오는 두려움

매년 새로운 학기를 맞이하는 시기에 아이들, 교사, 학부모 모두 두려움을 느낀다. 적어도 아이들과 학부모는 초등학교 6년을 지나면 학교에 익숙해질 법도. 하지만 특수교육대상 학생의 경우는 이야기가 다르다. 교직 경력 10년이 넘은 교사조차 매년 3월이 다가오면 긴장감을 느끼게 된다. 장애가 있는 자신의 아이가 매년 새롭게 변화하는 환경에 잘 적응할 수 있을지 걱정하며 학교에 보내는 학부모의 마음은 어떨까? 변화한 통합학급의 다양한 환경, 새로운 통합학급 담임교사, 그리고 특수교사와의 만남은 아이들의 긴장도를 더욱 높일 수밖에 없다. 더욱이, 세상 누구도 예견할 수 없는 중학생들의 변화무쌍한 성장통이 더해지면, 교사와 학부모의 긴장감은 어떤 단어로도 정의하기 힘든 상황이 된다.

교사: '우리가 만날 아이는 어떤 아이일까?', '학부모님들은 어떤 성향일까?', '통합학급은 잘 구성되었을까...?'

학부모: '통합학급 담임선생님은 어떤 분이실까?', '특수학급 선생님이 바뀌면 안 되는데...', '통합학급 친구들 구성은 괜찮을까?', '통합학급에서 잘 적응할 수 있을까?'

학생: ...?

각자의 입장에서 다양한 생각과 추측이 난무하는 2월과 3월. 두려움을 가지고 시작한다.

♦ 학부모는 해마다 3월이 어렵다

매일 전쟁 같은 시간 속에서, 아이의 작은 변화 하나에 웃음이 피어나는 것이 바로 우리의 일상이다. 죄를 짓지 않았음에도 마치 죄인처럼 살아온 세월이 벌써 몇 년이 되었는지 가늠할 수조차 없을 지경이다. 일반 학교에 보내는 것을 몇 번이나 망설이고, 되새겼는지 헤아릴 수 없다. 잘 다려진 교복을 아이에게 입혀 보니, 마치 어른 옷을 걸쳐놓은 듯 크기만 하다. 이 교복에 걸맞게 행동하고 잘 적응하며, 별탈 없이 지내기를 바라는 부모의 마음을 아이가 알까 싶다. 깨끗한 실내화를 신기고, 교복을 입히고, 중학생이 되었다고 새로 장만한 가방에 필통 하나만 담아 보낸다. 공책과 파일 등을 알아서 챙겨가는 또래들을 보며 잠시 부러운 마음이 스치기도 하지만, 내 편 하나 없는 학교에 덜렁 혼자 보내는 생각에 그런 아쉬움은 사치처럼 여겨져 금세 사라진다.

어렵다. 장애가 있는 아이를 키우는 부모인 내가 나 스스로를 돌아볼 겨를도 없이 세월이 흘렀다. 내 아이는 내가 가장 잘 알고 있다고 생각했다. 그런데 아이를 중학교에 먼저 보낸 선배 엄마들이 하나같이 이렇게 말한다.

"중학생이 되니까 도대체 내 자식이 제일 힘들어. 어떻게 해야 할지 모르겠어."

비장애 아이들의 엄마들만 이런 말을 할 것이라고 생각했지만, 현실은 누구나 다 다 같은가보다.

어렵다. 그리고 무섭다. 사춘기를 잘 지나가 주기를 바라는 내 마음이 너무 큰 바람일까. 내 아이가 제일 어려워졌다.

♦ 3월의 아이들은 질문이 많다

"나는 누구인가요?"

"나는 몇 살이죠?"

"나는 왜 갑자기 교복을 입어야 해요?"

"엄마가 갑자기 시키는게 너무 많아요."

"친구들이 자꾸 조용히 하래요."

"교실에 들어오는 선생님이 계속 바뀌어요."

"수업이 이제 너무 어려워졌어요."

"학교에 있는 시간이 너무 길어요."

"내 몸이 이상하게 자꾸 변해가요."

"그냥 짜증이 나요. 그냥 눈물이 나요."

"그냥 하기 싫다고요."

"나는 이렇게 어렵고 힘든데 엄마는 계속 참으래요. 잘하래요."

"나도 혼자만의 공간이 필요해요."

"나도 내 생각이 있어요."

"도대체 나는 누구예요?"

♦ 특수교사의 어제와 오늘 그리고 미래를 위해

모두에게 한꺼번에 많은 정보와 자극이 주어지는 3월은 혼란과 어려움의 연속이다. [장애인 등에 대한 특수교육법]으로 규정된 약 10가지 장애가 있지만, 이 일을 시작한 지 10년이 넘은 지금까지 같은 장애를 만나본 적이 없다. 즉, 누구에게도 정답과 해결책이 주어지지 않는다는 것이다.

몇 년 전, 한 2년 차 동료 교사가 이렇게 이야기했다.

"선배, 특수교사는 현장 경력이 정말 중요하다고 생각해요. 임용 시험 준비나 전공 공부도 중요하지만, 현장 경험 없이는 힘든 것 같아요."

이 이야기를 처음 들었지만, 부인할 수 없었고 매우 공감할 수밖에 없었다. 결국, 모든 것이 정보 싸움이라는 것이다.

3월부터 법적으로 정해진 일들이 특수교사 앞에 쌓여 있다. 그 와중에 우리는 아이들을 파악하고, 때로는 기싸움도 한다. 학부모 상담을 하며 새로운 분들과 적응하는 시간도 필요하다. 그리고 가장 두려운 것은,

"나도 이 아이를 아직 잘 모르는데, 학교에서 사람들이 자꾸 나에게 아이에 대해 묻는다."

누군가 매년 특수교사를 위해 정확한 정답을 알려주는 연수를 해주었으면 좋겠다. 우리는 매년 많은 사람들에게 장애 관련 주제로 연수를 진행하지만, 특수교사가 슬기롭게 학급을 잘 운영할 수 있도록 안내해주는 연수는 왜 없는 것일까? 제발 내 현장에 맞는 연수를 누가 좀 제공해주었으면 한다.

이 많은 자극과 정보 속에서, 우리는 도대체 3월을 어떻게 해나가야 할까? 학부모님과는 어떻게 관계를 맺어야 할까? 그리고 중학생이 된 아이를 둔 학부모에게는 어떻게 상담을 해야 할까? 저자는 지금부터 매년 3월에서 4월까지 실제로 시행하는 학부모 집단상담 사례를 제시하고자 한다.

PDC로 연결하다

◇ 칭찬과 격려의 차이 알아가기
"학부모님, 칭찬과 격려의 차이가 뭘까요?"
"같은 거 아닐까요?" "다르다고는 생각했지만, 구별해서 이야

기하려니 어렵네요."

학부모님과 칭찬과 격려에 관해 이야기를 나눈다면 의례적으로 나오는 대답이다.

◇ **역할극**

① 칭찬과 격려가 각각 적힌 카드를 준비한다. (내용은 하단 참조)

② 역할극 참여자 5명을 선정한다. (교사 2명, 학생 3명)

③ 아래와 같이 배치한다.

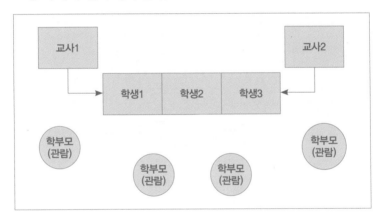

④ **교사1**역할 학부모는 **학생1**역할 학부모에게 격려가 적힌 카드를 하나씩 읽어 준다.

⑤ **교사2**역할 학부모는 **학생3**역할 학부모에게 칭찬이 적힌 카드를 하나씩 읽어 준다. 여기서 ④⑤활동은 서로 번갈아 가면서 자연스럽게 읽어 준다.

⑥ 학생2에게는 아무 말도 하지 않는다.

⑦ 교사1, 교사2에게 주어진 카드를 모두 읽고 난 후, 진행 교사 는 교사1, 교사2에게 어떤 느낌이 들었는지 묻는다.

⑧ 학생1, 학생2, 학생3에게 각각의 느낌을 묻는다.

⑨ 모두에게 어떤 교사의 카드가 칭찬, 격려인지 묻는다.

⑩ 모두에게 역할극의 소감을 묻는다.

― 아무것도 듣지 못한 학생2의 생각을 꼭 듣고 그 생각에 대해 다 함께 이야기 나누기.

[칭찬 / 격려카드]

칭찬	격려
네가 너무 자랑스럽다.	네가 정말 열심히 했잖아. (그러니) 스스로 뿌듯하겠다.
잘했어!	와! 결국, 성공했구나!
완벽해! 딱 내가 말한 대로야!	그걸 어떻게 생각해 낸 거야?
진짜 예쁜 그림이네! 넌 훌륭한 예술가로구나!	여러 가지 색깔을 어떻게 쓴 거야? 그림에 대해 말해줄래?
퍼즐을 진짜 빨리했네! 역시 똑똑해!	퍼즐을 진짜 빨리했네! 다음 단계도 해볼까?
이름을 잘 썼네! 스티커 줄게!	열심히 이름 쓰기 연습하더니 드디어 혼자 이름을 썼구나!
와~ 정말 착하다!	도와줘서 정말 고마워!
선생님이 아까 말한 대로 잘한 것 같은데!	어떻게 하면 좋을까?
바르게 잘 앉았네.	바르게 앉아줘서 고마워. 이제 수업 준비가 되었어.
네가 친구를 도와줘서 너무 기뻐.	네가 도와줘서 친구가 정말 고마워할 거야.
멋진 탑이구나!	탑이 몇 번이나 쓰러져도 네가 계속 노력하는 걸 봤어.
계속해 봐! 넌 정말 대단한데!	난 네가 정상에 올라가는 방법을 배울 수 있을 거라고 믿어.

◇ 역할극 이후 이야기 나눔

― 일반적인 칭찬에 관한 생각: 계속 들으면 부담스럽고, 결과가 내 것이 아닌 것 같은 생각이 든다. 더 잘해야 할 것 같다.
― 일반적인 격려에 관한 생각: 스스로 더 무엇인가를 해보고 싶은 마음이 생긴다. 나 자신이 조금 더 뿌듯해진다.

여기서! 교사의 진행 포인트!
① 칭찬과 격려 모두 좋은 말이다.
② 무조건 격려만이 좋은 말은 아니다.
③ 칭찬도 때로는 학생에게/ 자녀에게 긍정적인 효과를 줄 수도 있다.
④ 다양하고 장애 정도가 아주 다른 우리 아이들에게는 어떤 것이 더 좋다고 이야기할 수 없다. 중증도 장애를 가져 대화조차 되지 않는 아이들에게 격려한다고 해서 무조건 좋은 결과가 나온다는 것이 아니라는 뜻이다. 오히려 "잘했어!"라는 말과 함께 엄지 척! 해주는 것이 더 효과가 좋은 경우도 많다.
⑤ 다양하고 정도의 차이가 큰 우리 아이들에게는 칭찬과 격려의 말을 상황에 맞춰 이야기하는 것과 더불어, 가장 중요한 것은 안 하는 것보다 하는 것이 좋다는 것이다.
⑥ 가장 중요한 포인트! 교사는 진행자일 뿐, 정답을 가르쳐 주는 사람이 아니다. 학부모님의 생각과 의견을 충분히 들

을 수 있는 시간과 기회를 제공하도록 하자.

♦ 1. 가이드 라인 만들기

◇ 사춘기 장애 자녀를 맞이하기

"선생님 요 녀석이 요즘 이상해요. 말도 더 안 듣고 이해할 수 없어요. 어떻게 하면 좋을까요?"

중학교 특수학급에 근무하면서 내가 제일 많이 듣는 말이다. 사실 정답은 없다. 그러면 왜 이런 질문을 유독 중학교 학급에서 많이 할까?

당연히 사! 춘! 기!

우리 아이들도 사춘기를 똑같이 맞이한다. 정말 다양하고 역동적이다.

이럴 때 나와 학부모님은 보통 이런 대화를 한다.

"어머니, 버티셔야 해요. 중학교 1학년 하반기부터 중학교 3학년 1학기까지는 우리 아이들이 사춘기 기간입니다."

"네? 사춘기요? 우리 애들도 사춘기가 오나요?"

"그럼요. 당연히 오죠. 이때는 우리 아이들이 장애가 더 심해지기도 하고, 어떤 친구들은 장애로 복용하던 약물 그 이상의 행동들을 하는 때도 있습니다. 우리 아이들도 비장애 아이들과 똑같이 호르몬의 영향을 받고 성장을 하고 있습니다."

"그럼 어떻게 해야 할까요?"

"어머니, 버티셔야 합니다. 그리고 든든한 버팀목이 되어주세요. 가장 힘든 건 사실 우리 아이들입니다. 집에서 많이 보듬어 주시고, 많이 인정해 주시고, 공감해 주세요."

모두가 힘들어하는, 흔히 말하는 '중2병'도 우리 아이들을 훑고 지나간다. 아주 세게. 어쩌면 장애가 있어 더 심한 것일까, 생각이 들 정도로 흔들고 지나간다. 때론 생각한다.

'뭐가 힘든 건지, 왜 힘든 건지 말해주면 좋으련만. 너 아주 힘들구나.'

교실에서 어떤 마음을 가지고 어떻게 버티고 앉아 있을지 우리는 상상조차 가지 않는 그 시간을 버티는 우리 아이들을 위해 우리는 들어주고, 눈 마주쳐 주고, 기다려 주고, 그리고 우리가 무너지지 않고 버텨야 한다. 학교에서도 가정에서도.

◇ **가정과 학교에서 우리의 역할(공동 가이드 라인 만들기_내비게이션 만들기)**

① 중요사항: 교사는 정답을 말하지 않고, 학부모님들께서 다양한 의견과 생각을 자유롭게 이야기할 수 있도록 유도하기.

② 교사는 학부모님께서 중학생이 된 자녀를 둔 학부모에게 가정에서 일어나는 다양한 어려움이나 에피소드 등을 이야기하도록 질문한다.

"요즘 부모님들께서 느끼시기에 아이들이 어떤가요?"

"양육하시면서 가정에서 가장 어렵다고 느끼시는 부분은 어떤 점일까요?"

③ 교사는 학부모님께서 자녀가 어떻게 성장했으면 하는지를 자유롭게 이야기하도록 유도한다.

"사춘기 자녀 양육하시는데 많이 힘드시죠? 그렇다면 어떻게 성장하였으면 좋을까요?"

"어떤 아이로 성장하면 좋을까요?"

"학교에서 또는 가정에서 어떻게 지내고, 성장했으면 좋을까요?"

④ 교사가 본 활동의 주 소재인 내비게이션에 관해 설명하기

"우리는 여행을 떠날 때 출발 전 내비게이션에 목적지를 입력합니다. 길을 떠나가는 와중에 다양한 운전 실력의 차량을 만나게 되죠. 우리가 내비게이션이 안내하여 가는 방향은 무슨 방향일까요? (정방향) 그렇다면 반대 방향은 무슨 방향일까요? (역방향) 그리고 우리는 가끔 샛길도 만나게 되고, 휴게소에도 들르기도 합니다. 이것은 마치 우리의 인생과도 같습니다."

⑤ 교사는 학부모에게 포스트잇을 나누어 주며, 아이들에게 일어날 만한 다양한 일들을 적도록 한다. 한 종이에 한 가지씩 적되, 한 학부모가 여러 개 적어도 상관없다.

⑥ 적은 포스트잇은 칠판 등에 한곳에 모아 붙인다.

⑦ [그림1]의 정방향/역방향에 맞도록 내용을 모아 붙인다.

⑧ 그 중 '잠시 한눈을 팔았다.'라는 의미(다시 돌아올 수 있는 휴식처)의 내용은 휴게소 가는 방향 쪽으로 붙여준다. (예: 친구들과 잠시 게임하기, 혼자만의 시간 갖기, 웹툰 보기 등)

⑨ 학부모님과 완성된 내비게이션의 내용을 같이 훑어보며, 대표적인 단어 1~2가지로 정리하여 정한다.

⑩ 마지막으로 「202○년 우리는 ○○하고 ○○로운 가정/학급을 만들도록 노력하겠습니다.」로 [그림1]의 상단에 정리하여 써준다.

⑪ 학부모님과 함께 만든 내비게이션을 함께 훑어보며 서로의 느낀 점과 다짐 등을 자유롭게 이야기한다.

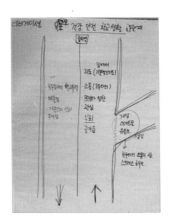

[그림1]
본 활동은 경기도 양평 인근 초등학교에서 근무 중이신 김성환 선생님의 아이디어에서 비롯되어 활동하게 되었다.

♦ 2. 리더와 래더

◇ 학부모 입장에서 학교 교사, 관리자 그리고 부모 자신

13년의 세월 동안 아이를 양육하면서 수많은 치료실 선생님과 학교 담임선생님, 특수학급 선생님, 학교 관리자 등을 만났다. 그들을 만나며 매 순간 내 아이를 설명해 왔다. 그리고 이해시키려 노력도 해보았다. 죄인과 같았던 그 수많은 세월이 지나는 동안 누군가를 불신하기도, 맹신하기도 하며 지냈다. 그들의 존재만으로도 그들이 하는 한 마디, 눈빛에 힘이 되기도 했고, 절벽에 서 있는 듯한 느낌이 들 때도 있었다. 웃픈 그런 순간에 함께했던 그들을 이야기해 보고 싶다.

"학부모님 저는 오늘 담임교사가 아닙니다. (머쓱한 웃음) 그저 학부모님과 편안한 이야기를 하기 위해 시간을 만들었을 뿐입니다. 그동안 자녀를 키우시면서 정말 많은 선생님과 학교 관리자분들을 만나셨죠? 오늘 우리 그분들에 관해서 이야기를 잠시 나눠볼까요?"

"대상을 한정해 두지 않으셔도 됩니다. 기억에 남는 다양한 일들을 이야기해 주시면 됩니다."

(자유롭게 이야기하고 서로 공감하는 시간을 갖도록 한다.)

"학부모님들의 이야기를 들어보니, 좋은 선생님, 좋지 않은 선생님으로 크게 나눠지는 것 같습니다."

"그러면 이제 우리 모두를 생각해 봅시다. 가정에서 아이들과 우리의 관계를 생각해 봅시다. 어떤가요?"

　"가정에서 자녀와 부모와의 관계를 학교에서 학부모님과 교사 또는 교사와 아이들과의 관계와 비교한다면 어떻다고 생각되시나요?"

　"지금부터 가정에서 느끼게 될 자녀 입장에서의 리더와 래더에 대해 이야기해 보는 시간을 갖도록 하겠습니다."

　◇ 부모로서 리더와 래더 그리기

① 2개 그룹으로 나눈다.

② 1그룹에서는 좋은 부모의 모습을 사람 그림을 기준으로 다양한 방법으로 표현하도록 한다.

③ 2그룹에서는 나쁜 부모의 모습을 ②의 방법과 같이 표현하도록 한다.

④ 각 그룹에서 그린 그림을 설명한다.

⑤ 각 그룹의 그림을 보고 덧붙이고 싶은 표현이 있다면 덧붙인다.

⑥ 각 그룹의 그림을 보고 서로 이야기 나눈다.

⑦ 활동 후 느낀 점, 다짐 등을 자유롭게 이야기한다.

― 교사는 정답을 제시하지 않고, 서로의 의견을 이야기 나눌 수 있는 조력자 역할을 하도록 한다.

[그림2]
실제 학부모 집단상담으로 만든 리더

[그림3]
실제 학부모 집단상담으로 만든 래더

◇ 「오래 보아야 사랑스럽다 너도 그렇다」 - 나태주

학기 초 아이들을 교사가 학생을 만나고, 학부모를 만나며 그들을 모두 알게 되는 시간은 얼마나 오래 걸릴까? 그리고 그 시간은 항상 좋은 결과를 낳을까? 우리에게 주어진 그 짧은 시간 동안 아이들을 파악하기에도 모자란 시간에 학부모를 대면한다는 것은 쉽지 않은 일이다. 하지만 필자는 꼭 이야기 하고 싶다. 우리가 아이들을 조금 더 많이 알고, 더 가까이 다가가기 위해서는 학부모와의 만남이 꼭 필요하다는 것을.

다소 부끄럽고, 다소 어색할 수 있으나 하나만 기억해 보자.

'나만 어색하고 부끄러운 것이 아니다. 부모님 또한 참 어색할 수 있다. 그리고 그분들은 우리를 믿고 아이들을 보내고 계신다.' 그리고 한 걸음 나아가 손을 뻗어보자.

그렇게 오래오래 보면 나태주 시인의 시 글귀처럼 너무나도 사랑스럽다.

2

통합교사와 연결 고리 만들기

관계에 대해 고민하다

♦ 첫 번째 단추를 끼우기 힘든 이유

나는 제대로 잘 끼워야 하는 임무를 가진 첫 번째 단추이다. 유치원에서 근무하는 특수교사로서, 특수교육대상 유아를 포함한 모든 유아들의 통합교육 시작에 함께하고 있다.

나는 "통합교육의 꽃은 유치원 과정이다."라고 자신 있게 말할 수 있다. 통합교육의 방해 요소 중 하나인 학업, 성적, 입시는 이 시기에 아이들에게 해당되지 않는다. 또한, 이 시기의 아이들은 나이가 어리기 때문에 편견과 선입견이 매우 적다. 그래서 통합교실에서는 종종 감동적인 장면을 마주하게 된다.

그러나 특수학급 아이들을 비롯한 모든 아이들은 돌봄이 필요한 어린 아이들이다. 이는 통합교육을 수월하게 만드는 요소이기도 하지만, 동시에 어려움을 겪게 하는 요소가 되기도 한다. 발달기에 있는 아이들을 담당하는 유아교사나 특수교사는 돌봄과 교육 사이에서 누구보다도 더 민감해야 하기에, 교실에서 교사의 피로도가 높아진다. 이러한 이유로 유치원 시기의 통합교육이 어렵기도 하다.

◆ 고마운 협력의 파트너들

그럼에도 불구하고 나는 운이 좋았다. 내가 그간 만나왔던 통합학급의 일반교사들은 '손쉬운 상대'였기 때문이다.

이미 충분한 통합교육 경험이 있었던 A선생님과 처음 만난 3월, 아이들을 대하는 방식이 비슷해 서로에게 깜짝 놀랐다. 모두가 정신없이 바쁜 3월, 입 맞춰볼 새 없이 진행된 개별화교육지원팀 협의회에서도 통합교사(통합을 하는 일반교사와 특수교사)로서 나는 이 책에서 통합교사를 통합교육을 하고 있는 일반교사와 특수교사 모두를 지칭하는 것으로 하고자 한다. 이는 일반교사와 특수교사 모두가 통합교육을 위해 협력적이고 동등한 관계를 형성해야 한다는 의미이다. 우리 둘은 쿵짝이 잘 맞았다. 그래서 우리의 통합교육은 쿵짝쿵짝 재미있었다.

통합교육 경험이 전혀 없었던 B선생님은 나이에 비해 아이들에 대한 수용력이 좋았고, 통합교육에 대한 내 생각에 많은 부분 동의해주었다. 휠체어를 타는 아이가 두 명이나 있는 우리 반을 버겁게 여기지 않았고, 말하지 않는 자폐성 장애 아이들을 귀여

워했다. 그래서 우리의 통합교육은 물 흐르듯 편안했다.

수업에 대한 열정이 컸던 C선생님은 함께 다양한 방식의 수업을 시도하는 것을 즐거워했다. 교실 벽에는 다양한 노랫말이 적힌 대자보가 붙었고, 재미있게 그리고 만든 미술 작품이 교실 곳곳에 전시되었다. 그림책은 여러 목소리로 두 교사가 함께 읽어주었고, 복도와 두 교실은 온통 즐거운 놀이 공간으로 변모했다. 그래서 우리의 통합교육은 새로움으로 가득했다.

전공이 특수교육이고 부전공이 유아교육인 D선생님은 특수교사 경력이 많았다. 유아교사 신분이었지만 태생이 특수교사인 D선생님과 함께한 통합교육은 시종일관 마음이 편안했다. D선생님은 특수교육대상 유아들에 대한 이해가 높았고, 나는 통합교실에서 진행되는 교육활동에 신경을 곤두세울 일이 없었다. 그래서 우리의 통합교육은 내내 즐거웠다.

나는 이렇게 운이 좋았다. 그래서 그들과의 협력은 순조로웠다. 돌아보니 사실 참 고마운 협력의 파트너들이다.

♦ 위기의 순간

그러나 매 순간 완벽할 수는 없었다. 생각을 맞춰야 하는 수많은 순간들이 있었고, 행동과 말에 쉼표를 찍어야 하는 때도 수없이 많았다. 그때마다 특수교사인 내가 눈치를 살펴야 하기도 했고, 나보다 훨씬 어린 일반교사가 특수교사인 내 눈치를 봐야 할 때도 있었다.

많은 시간을 한 교실에서 다양한 협력 교수 활동을 수행하는 유치원 과정의 통합 환경에서는 두 교사의 관계가 매우 중요하다. 이 관계의 질이 통합교육의 질을 결정한다고 해도 과언이 아니다.

E선생님은 특수교육대상 유아를 대하는 것이 힘들다고 말했다. 그들이 내는 소리에 예민했고, 자리를 자꾸 벗어나는 아이들의 행동을 수업 방해 행동으로 규정했다. 또한, 특수교육대상 유아를 배려하거나 고려하는 수업을 구상하는 것이 일반 유아에 대한 역차별이라는 생각이 들기도 했다고 전했다. 그리고 일반 교사인 자신만 특수교사와 특수교육 지원 인력 사이에서 소외감이 느껴져 힘들다고 이야기했다.

통합교육을 하는 두 교사는 옆에 있는 동료가 괜찮지 않은데, 나만 괜찮을 수는 없다. 괜찮지 않은 사람이 특수교사이건, 일반교사이건, 이런 어려움은 반드시 통합교육의 실패로 이어진다고 믿었다. 내가 PDC 교사라면 PDC 내에서 그 해결 방법이 있을 것이라 믿으며 몇 가지 활동을 함께 했고, 현재도 힘들어하는 통합교사들을 위해 몇 가지 활동을 제안하고자 한다.

PDC로 연결하다

♦ PDC 활동으로 통합교육을 위한 연결고리 만들기

◇ Top 카드: 당신은 누구신가요?

교사에게 적응 기간은 없다. 3월에 처음 만난 아이들, 처음 만난 통합교사와 우린 연습없이 실전으로 바로 만난다. 함께하는 두 명의 통합교사가 서로를 이해하고 자신을 이해할 수 있다면, 준비 기간 없는 교사들의 적응 또한 도울 수 있을 것이다.

Top 카드 활동을 통해 상대방과 나에 대한 정보를 알게 되는 것은 다른 사람의 본성을 더 깊이 이해하고 서로의 고유한 특성을 받아들이는 데 매우 도움이 된다.

활동하기	
1	스트레스 이해하기 스트레스란 삶에 대한 내 생각과 현실 사이의 거리를 받아들이는 심리적 반응이다. 이 거리가 멀수록 사람들은 스트레스를 많이 받는다. 스트레스를 받고 두려움을 느끼면 자기를 적극 방어하려고 한다. 이때 주변에 도움(협력)을 요청할 방법과 스스로 에너지 소모를 적게 하는 방법에 대해 모색하게 된다. 자기 경험을 바탕으로 타인을 도울 수도 있다.	 삶은 어떠해야 합니까? 당신의 생각 스트레스 나의 삶의 현실은 어떠합니까?
2	네 동물이 보여주는 행동 유형 · 옳은 것을 주장하는 사자 · 현실을 피하거나 미루는 독수리 · 다른 사람을 기쁘게 하는 카멜레온 · 갈등을 피하는 거북이	 옳은 것을 주장　현실 회피 및 미루기　다른 사람을 기쁘게 하기　갈등을 피하기
3	내 Top 찾기 상자를 열면 상자에 적힌 일이 벌어진다. 이 중 한 상자를 돌려보낼 수 있다면 어떤 상자를 돌려보낼 것인가? · 1번을 골랐다면 거북이 · 2번을 골랐다면 카멜레온 · 3번을 골랐다면 사자 · 4번을 골랐다면 독수리	 1 고통과 스트레스　2 거절과 귀찮음 3 의미없음과 중요하지 않음　4 비판과 조롱

| 4 | Top카드 차트를 통해 확인하기 | 『격려수업』, 교육과 실천, 141~144쪽 참고 |
| 5 | 자신과 상대에 대해 알게 된 점 나누기
성장을 위한 실천 나누기 | 『격려수업』, 교육과 실천, 154~162쪽 참고 |

거북이 교사와 독수리 교사의 불편한 만남

고통에 취약한 거북이 교사는 통제하고 완벽하게 준비하려는 독수리 교사가 너무 불편했다. 자기만의 속도와 스케줄로 편안하게 하루하루를 만드는 거북이 교사에게 독수리 교사는 자신의 불안을 통제로 해소하려 하므로 자꾸 거북이 교사에게 확인했다. 이 두 사람은 각자 자신의 Top카드를 알게 되고 상대를 어떻게 대해야 할지에 대해 고민하게 되었다. 거북이 교사의 불편함을 독수리 교사는 한 번도 생각해 보지 못했다고 했다. 당연히 확인하고 챙기면 고마워할 거라고만 생각했다. 두 사람이 서로의 성장을 위해 해야 할 말과 행동을 정해보고 실천하자. 그러면 불편함이 눈에 띄게 해소될 것이다. 특히 속앓이하던 거북이 교사가 심리적 안정을 느끼게 될 것이다.

사자 교사와 사자 교사의 만남

우월성을 갖는 사자 교사는 의미 없거나 중요하지 않음을 견딜 수 없다. 사자인 특수교사는 특수교육대상자인 우리 반 아이들이 통합학급이나, 학교 또는 유치원에 존재감 없이 투명 인간으로 취급받는 것을 견딜 수 없다. 우리 아이들의 특성이 반영되지 않는 교육활동이 추진될 때도 마찬가지다. 사자 일반교사도 특수교육대상 학생만을 고려할 수는 없다. 다수의 아이에게 필요한 교육과정을 구성하고, 수업할 때 아이들이 즐거워하기 때문이다. 그것이 교사의 역할이라고 생각한다. 게다가 아이들의 참여도가 높으면 그것만으로도 대만족이다.

이 두 교사의 만남은 시작부터 위태로웠다. Top카드 활동으로 각각의 Top카드가 무엇인지 알고 나서 서로에게 중요한 것이 같다는 사실을 비로소 알게 되었다. 그리고 각자의 의미를 발견하고 격려해 주자 위태하던 관계가 조금은 부드러워졌다. 통합학급이 두 교사 모두에게 '우리 반'이라는 인식이 자리 잡자, 시간이 흐를수록 두 교사의 관계가 좋아졌다. 이들에게 일은 어려운 것이 결코 아니었다. 의미 있다고 판단되면 그다음은 무엇보다 빠르고 즐겁게 진행된다. 물론 어떤 사안, 주제에 대해 '중요함'의 정도가 동일한 선으로 인식되기까지 여전히 위태로운 줄타기도 필요하지만 말이다.

◇ 아이 행동 이해: 새로운 렌즈를 껴봐요.

통합교육을 할 때 두 사람이 생각하는 아이들에 대한 관점은 매우 중요하다. 이 관점을 똑같이 맞춰야 하는 것은 아니지만 각 교사에게도 아이들에 대한 사적논리[12]가 있을 수 있고, 그 사적논리가 아이들과의 관계를 힘들게 하는 부분일 수 있다. 두 교사는 아이들이 서로 잘 이해할 수 있도록 돕는 활동을 통해 아이들에 대한 이해와 연결을 높일 수 있다.

활동하기	
활동명: 아이의 세계	**[아이의 세계] 활동의 의미**
1	
– 교사는 학급의 아이 한 명을 각각 떠올린다. 이때 교사가 생각하는 우리 반에 힘든 아이를 떠올리는 것도 좋다. – 교사는 떠올린 아이가 되어 '자기 소개'를 한다. 만약 ○○이를 떠올렸다면 "나는 다섯 살 ○○이예요. 저는 우리 반에서 블록놀이를 할 때 가장 좋아요. 그리고 내가 밥 먹을 때는 잘 씹기가 싫고 맛이 없어서 점점 느려져요." 이런 식으로 아이가 되어 '자기 소개'해 보기를 한다. – 이 활동을 통해 배운 점을 나누기 – 어떤 느낌이 들었는지 나누기	아이가 세상을 보는 것과 어른인 교사가 세상을 보고 이해하는 것은 다르다. 아이마다 다양한 방식으로 세상을 보고, 이해한다. 하나의 방식이 모두에게 적용될 수 없으며 하나의 방식을 강요하는 교사의 태도에 대해 생각해 볼 수 있다. 이 활동은 아이와 교사를 연결하는 데 도움이 된다.
활동명: 어린아이 그리기	**[어린아이 그리기] 활동의 의미**
2	
– 두 명의 통합교사는 큰 종이 2장을 준비하여 각각 한 장씩 나눠 갖는다. – 한 교사가 가르치는 연령의 일반적인 아이를 그리고 일반적인 아이의 특성을 그림 옆에 적는다. – 다른 한 교사는 완벽한 아이 한 명을 그리고 완벽한 아이의 특성을 그림 옆에 적는다. – 각각 그린 그림을 서로에게 소개한다. – 두 교사는 함께 특수교육대상 아동을 그리고 그 아이의 특성을 그림 옆에 함께 적는다. – 다음과 같은 질문에 서로 대답하며 각자의 생각을 나눈다. 질문: 1) 실제로 완벽한 아이를 가르치는 교사가 있는가? 2) 완벽한 아이는 반드시 건강하고 행복한 아이인가? 3) 특수교육대상 아동이 불행하거나 건강하지 않은가? 4) 완벽한 아이, 일반적인 아이, 특수교육대상 아동의 차이점을 통해 무엇을 알게 되었는가? 5) 알게 된 것을 통해 교실에서 교사의 태도는 어떻게 달라지는가?	아이들에 대해 교사는 어떠한 기대를 하고 있는지 생각해 볼 수 있다. 일반적인 아이의 특성은 일반적인 아이들의 발달단계가 어떠한지 알게 한다. 함께 하는 아이들이 보이는 행동은 실제 발달 단계상에 나타나는 행동인가? 혹은 도전 행동인가? 이것을 아는 것이 교사의 태도에 어떤 영향을 미치는가?
2번 활동은 원래 활동과 달리 두 교사 혹시 소수의 통합교사끼리 하는 활동으로 수정하였다.	

◇ 통합교육 회의: 소속감을 높여라

학교(유치원)는 참 바쁘게 돌아간다. 교사들에게 교육과 매일의 수업을 위한 충분한 시간이 확보되지 않는다. 문제 해결 또한 시간적 효율이 강조된 방식이 사용되기 쉽다. 학급회의를 통합교육 회의에 활용하여 너, 나 각자의 문제가 아닌 우리가 함께 해결할 우리의 문제로 바라보게 할 수 있다. 회의와 문제 해결을 통해 소속감을 높일 수 있다.

활동하기		
	활동명: 통합 학급회의 시작	[통합 학급회의] 활동의 의미
1	– 회의 시작 전 감사 나누기 – 이전 해결책 되돌아보기 – 회의 안건 다루기 – 계획하기 또는 격려의 말	통합교육 회의를 통합교사가 경험함으로써 교실의 문제를 교실에 있는 모든 구성원이 함께 해결하는 학급회의 운영에 도움을 줄 수 있다. 또한 공식적이며, 정기적인 회의를 통해 통합교사 간 신뢰가 높아질 수 있다. 다소 어색할 수 있지만 일단 시작하고 실천하면 큰 보람과 유익함을 경험할 수 있을 것이다.

통합교사 간에 이 회의 방식이 익숙해지고 신뢰가 어느 정도 형성되었다면 – 필요성 또는 사안에 따라 – 특수교육 지원 인력도 회의에 참여하는 것을 권한다.

◇ 해결 방안에 초점: 우리가 함께 합시다!

아이들에게 실수해도 괜찮다고 말하면서도 교사는 자신의 실수에 대해 엄격한 편이다. 아들러가 언급한 "불완전해질 용기"를 가지고 실수를 진정으로 받아들이기 위해서는 우리에게 용기가 필요하다. 그동안 우리의 훈육 방식을 되돌아보고, 실수로 인해 혹은 몰라서 하게 된 각자의 훈육 방식을 성찰하는 시간을 가지면 좋겠다. 실수로부터 회복하는 시간을 갖고, 함께 어려움

을 해결해 보는 활동은 훈육에 대해 고민하는 교사들에게 의미
있는 경험이 될 것이다. 우리의 훈육 방법이 어떤 것이었는지, 그
리고 그 방법들이 장기적으로 어떤 결과를 가져오는지 역할극
을 통해 알아보자.

활동하기	
1	**활동명: Mr./Mrs 처벌** – 한 사람은 아이 역할, 한 사람은 교사 역할을 하며 큐카드 1부터 5까지 상황에 따른 역할극을 진행한다. – 역할극이 진행되는 동안 아이 역할을 하는 사람은 아무 말을 하지 않는다. – 아이 역할을 한 사람은 어떤 생각과 느낌, 결심을 갖게 되었는지 나눈다. – 교사 역할을 한 사람은 무엇을 느끼고 생각하고 결심했는지 나눈다. – 나의 훈육 방법은 어디에 가까웠으며 그 방법의 장기적 효과가 어떨지 함께 이야기 나눈다. **큐카드 1.** 아이에게 바보 모자를 쓰게 하고 생각하는 의자에 앉으라고 위협한다. **큐카드 2.** 행동의 변화가 있을 경우 보상으로 돈, 사탕, 스티커를 제공한다. **큐카드 3.** 찰흙을 챙기지 않으면 내가 높이 올려놓을 것이고 다음에 그것을 사용할 수 없을거야. **큐카드 4.** 뚜껑에 열려 있으면 찰흙은 마르게 될 거야. 찰흙을 통에 넣지 않으면 찰흙이 마르게 될거야. **큐카드 5.** 찰흙이 마르지 않게 하려면 어떻게 할 수 있을까?
2	**활동명: 교사 문제 해결 12단계** ① 큰 종이에 다음 내용을 기록한다: 아이의 나이, 이름 등 기본 정보를 적는다. · 아이의 문제뿐만 아니라 통합교육 상황에서 발생하는 다양한 문제를 다룰 수 있다. 예를 들어, 학부모와의 문제, 통합교사 간의 문제, 다른 지원 인력과의 관계 문제, 업무 관련 문제 등 해결하고자 하는 어떤 문제든 상관없다. ② 문제를 하나의 핵심 단어나 문장으로 요약한다. ③ 문제가 마지막으로 발생했을 때의 상황을 설명한다. 다음 단계에서 역할극을 진행해야 하므로, 영화 대본처럼 자세하게 대화를 충분히 포함하여 설명한다. ④ 그 상황에서 느꼈던 감정을 물어본다. ⑤ 어긋난 목표행동 차트를 활용하여 아이의 어긋난 목표를 추측한다. 이때 목표를 정확히 찾아내는 것이 중요한 것은 아니다. 역할극을 하면서 새로운 정보가 나올 수 있으므로, 추측을 통해 가설을 세우는 것만으로도 충분하다.

⑥ 문제를 해결하는 데 더욱 효과적인 다른 방법에 대해 브레인스토밍을 진행하고, 그 내용을 적어본다.

⑦ 6의 내용을 바탕으로 몇 가지 방법을 선택하고, 역할극을 실시한다.

⑧ 역할극 후에 어떤 생각을 했고, 어떤 감정을 느꼈으며, 무엇을 결심했는지 이야기한다.

⑨ 상황에 처한 사람이 할 수 있는 다양한 해결책을 브레인스토밍한 후, 나온 제안을 모두 기록한다.

⑩ 일주일 동안 시도해 보고 싶은 제안을 선택한다.

1. 고른 제안으로 역할극을 한 후 8단계처럼 생각, 감정, 결심한 것을 말한다.
2. 선택한 제안을 일주일 동안 실행하고 일주일 후에 결과를 나눈다. 이것은 통합교육 회의에서 나눠볼 수 있다.

교사 문제 해결은 원래 14단계로 소개되어 있다. 소수의 통합교사와 함께 할 수 있도록 12단계로 수정하였다.

◇ 격려하기: 각자 걸어도 괜찮아!

서로에 대한 신뢰로 우린 자유를 얻을 수 있다. 신뢰가 형성된 후에는 조금은 자유롭게 각자 걸어도 자연스럽게 보폭이 맞춰질 수 있다. 통합교육은 똑같이 딱 맞추는 것을 목표로 하지 않는다. 통합교육은 함께 살아가는 것을 배우는 것이다. 그러기에 통합교사 또한 서로를 구속하고 평가하고 통제하지 않지만, 함께 할 수 있다는 것을 목표로 삼아야 한다.

활동하기	
	활동명: 감사 전하기
1	– 눈을 크게 뜨고 서로에게 감사한 점을 발견하고 말한다. – 감사카드에 적고, 말하기를 할 수도 있다. – 부끄러움을 감수하고 서로에게 감사한 점을 발견하여 전하는 활동을 해본다. * 이 활동은 아이들과 '좋은 발견자' 되기 활동으로 연계해도 좋다. 〈『감사해요』/ 이정원 글, 임성희 그림/ 걸음 동무〉 그림책을 함께 읽으면 아이들이 일상에서 감사를 발견하는 데 도움이 된다.
2	활동명: 격려하기
	– 격려 문구 차트에서 오늘 내가 받고 싶은 격려 문상을 마음속으로 고른다.

2	– 한 사람이 먼저 상대에게 상대가 받고 싶은 격려 문구를 짐작하여 말해준다. 상대가 내가 고른 격려 문구를 말해줬다면 "격려받았습니다"로 화답한다. 그렇지 않다면 "고맙습니다"로 화답한다. – 맞출 때까지 해도 좋고, 어느 정도 한 뒤에 멈춰도 좋다. * 오늘 내가 받고 싶은 격려 문구를 카드에 직접 써도 좋다. 각자 쓴 격려 문구 카드를 바꾼 뒤 서로에게 격려해 주는 활동으로 변경하여 진행해도 된다.

용기가 자라나는 말 "격려"

넌 소중해　　　같이 놀자　　　넌 나의 친구야

사랑해　　　넌 너만의 매력이 있어

넌 멋진 빛을 가지고 있어　　　내가 도와줄게

난 널 믿어　　　고마워　　　난 너의 이야기가 궁금해

너랑 있으면 참 편해　　　지금보다 행복하길 바라

짜잔 선물이야　　　하늘을 보면 지금처럼 기분이 좋아질 거야

너가 화난 이유를 들어줄게　　　너가 참 좋아

너의 말은 진실해　　　실패보다 두려운 것은 후회야

널 걱정하고 있어　　　너의 마음을 이해해

너의 고민을 함께 해결해줄게　　　넌 따뜻한 사람이야

실수는 배움의 멋진 기회야　　　친구들이 널 좋아해　　　넌 이미 충분해

넌 이미 아름다운 빛을 가지고 있어

너의 무대가 곧 올 거야　　　화이팅

수고했어　　　네 덕분이야

♦ 연결 고리 단단한지 확인하기

2023년 7월, 2년 차 초등교사가 숨진 채 발견되었다. 이 사건 이후, 교사의 다양한 피해를 보도하는 기사들이 연이어 쏟아졌다. 내 기억으로는 처음으로 특수교사의 피해 사실이 방송과 뉴스 기사로 세상에 드러났다. 여러 기사가 있었지만, 세상을 뜨겁게 달군 사건은 유명 웹툰 작가이자 특수교육대상 학생의 부모가 특수교사를 고소한 사건이었다.

소위 '서이초 사건'과 '주00 사건'은 같은 맥락의 문제를 지니고 있었다. 교사와 학부모 간의 갈등이라는 점과, 문제 해결 과정에서 학교와 구성원이 취한 태도가 유사하다는 것이다. 더 다양

하고 심층적인 원인과 해결책을 찾을 수도 있지만, 그러한 분석은 사회학자와 교육학자에게 맡기고 싶다. 나는 현장의 교사로서 이 두 사건의 문제점을 냉철히 바라보고, 우리가 실천할 수 있는 해결책을 제안하고자 한다.

현재 모든 학교는 분리의 현장이다. 이러한 현실에서 우리는 통합교육을 시작하고 있다. 그러나 아이러니하게도, '통합'보다는 '분리'의 모습이 더 많이 발견된다. 특수교사와 일반교사의 분리, 그 사이에 있어야 할 협력의 부재, 일반학생과 특수학생의 분리, 그리고 모든 학생이 우리 학생이라는 인식의 결여, 교직원 각자에게 분리되어 배분된 업무, '함께 해결'이 아닌 '누군가 해결'이 핵심이 되어버린 학교 문화가 그것이다.

공동체성의 부재는 단순히 학교의 문제만이 아니다. 사회 전반에서도 유사한 현상이 나타난다. 내가 제안하고 싶은 것은 우리가 할 수 있는 것을 함께 찾아보자는 것이다. 교사로서 우리의 교실에서 조금 더 협력하여 다양한 '부재'들을 하나씩 채운다면, 우리 학교(유치원) 정도는 변화시킬 수 있지 않을까 하는 기대에서 말씀드린다. 그 시작이 통합학급이 되었으면 한다. 통합을 위한 연결 고리가 헐거워지지 않았는지, 여전히 튼튼한지 수시로 돌아보는 문화가 우리 사회에 확산되기를 꿈꾼다. 더불어 우리 교육 현장이 더 이상 고소와 고발 사건으로 얼룩지지 않고, 슬픈 일이 없기를 바란다.

3
'공감+존중=공존'하는 우리

관계에 대해 고민하다

"선생님, 우리 반에 특수학급 아이보다 더 어려운 아이가 있어
요.", "우리 반에 힘든 아이가 있는데 특수학급에 가야 할 것 같
은데 선생님이 한번 와서 아이를 좀 봐줄래요?", "선생님 특수
학급에 아이를 보내려면 어떻게 해야 해요?", "이 아이 특수학급
가야 하는 거 맞죠?"

특수교사로 근무하면서 여러 선생님께 들었던 말이다.

한동안 장애 인식개선 교육에 대해서 많이 고민했었다. 특수
교육대상 학생이 속해 있는 통합학급의 친구들을 특수학급에
초대하여 파티를 열기도 하고, 글짓기 대회나 퀴즈 대회 같은 학

교 행사의 일종으로 계획하여 운영하기도 하였다. 어떤 때는 학년의 시작이나 마지막 특수교육대상 학생들과 잘 지내달라는 메시지와 함께 선물을 나누어 주기도 하였다.

지금 돌이켜 보면 특수교사의 고민과 수고가 헛되었다고 생각하지는 않는다. 하지만 학년이 각기 다른 학생들을 지도하며 학생 개개인의 개별화된 교육활동과 학급을 운영하는 상황에서 장애 인식개선 교육을 준비하고 운영하는 것은 짐이 되기도 하였다. 해(학기)마다 새로운 산출물을 내어야만 한다는 강박과 어려움은 오롯이 특수교사의 몫이 되고 엄청난 에너지 소모로 소진되는 나와 동료들을 발견할 수 있었다. 때로는 법에서 요구하는 최소한의 업무로 계획하는 자신을 자책하며 어려움을 겪기도 한 적이 있었다.

앞으로 나누어질 수업 이야기는 앞서 고민하였던 장애 인식개선 교육으로 초등학교 1학년부터 중학교 3학년의 학생을 대상으로 진행한 활동이다. 개개인의 다양성으로 가득한 교실에서 특수교사 또는 통합교사가 장애인식 개선 교육(다양성 교육)이라는 이름으로 운영할 수업(프로그램)을 학급긍정훈육의 철학과 활동으로 풀어나가는 과정을 전해보고자 한다.

PDC로 연결하다

공존共存이란 두 가지 이상의 사물이나 현상이 함께 존재함, 서로 도와서 함께 존재함을 의미한다. 모든 학생이 함께 존재하며, 서로 도우며 살아가길 바라는 마음을 담았다.

또 타인의 사고나 감정 따위에 대하여 자기도 그렇다고 느끼는 기분이나 느낌을 의미하는 공감共感과 모든 사람이 존재 자체로 귀중하게 대우받아야 한다는 존중尊重 두 글자의 앞 글자를 따 "공존" 수업을 계획하였다.

공감과 존중의 방식으로 모두가 소속감과 자존감을 느낄 수 있는 교육활동으로 구성하고자 노력하였으며, 이는 긍정훈육Positive Discipline의 원칙에 근거하였다. 특수교육의 한 분야가 아닌 학생들이 있는 모든 곳에서 누구든 활용할 수 있는 수업이기를 바란다.

공존수업! 특수교사가 통합학급에서 수업하는 것으로 시작한다.

♦ 연결되다: 첫 만남은 흥미롭고 재미있다.

통합학급 학생들의 관점에서 특수교사는 어쩌다 한 번 지나칠 수 있는 선생님이다. 이때, 특수교사의 수업은 학생들에게 얼마나 수용될 수 있는가? 라는 궁금증으로 공존수업의 첫 단추를 끼었다.

인사를 하고, 학생들의 이름을 한 명 한 명 불러주는 것. 긍정
훈육의 기술 중 하나인 수정하기 전 연결하기^{Connection before Correction}.
특수교사와 통합학급 학생들이 만나는 짧은 시간을 의미 있게
보내기 위해 매우 중요한 단계이다. 하나를 더 추가하자면 첫 만
남은 즐거워야 한다는 생각으로 계획한다. 누구나 기분이 좋을
때 허용적인 태도를 보이고 잘 배우게 된다.

이어 교사는 자신을 소개하는 시간을 갖는다. "선생님은 파란
하늘의 가을을 좋아해. 매콤한 닭발을 좋아하고..."처럼 학생들
에게 친숙한 사람이나 공통점이 있는 사람으로 교사를 드러낸
다. 그리고 학생들에게 소개를 부탁하며 게임으로 이끈다. 네 가
지의 선택지를 제시하고, 각자의 선호에 대해서 알아보는 활동
(화장실이나 과일 등 큰 주제에 대해 가장 먼저 떠오르는 것 하
나 선택하기)으로 학생들은 자신을 표현한다. 활동을 하며 학생
들은 나와 같은 것을 좋아하는 친구들을 찾아내고, 자신을 표현
하지 못하는 학생들에게는 하나를 선택하며 자신을 드러내는
것에 익숙해지도록 한다.
고학년은 자신이 가장 좋아하는 음식(또는 TV 프로그램 등)
과 이유를 쓰고, 쓴 사람을 찾는 활동으로 진행한다. 게임의 방식
으로 조금 더 확장하자면 종이를 공 모양으로 구겨 정해진 함(상

자)에 던져 넣는 방법으로 활동지를 제출하는 방법이다. 서로에 게 관심을 두며 연결된다.

네 개의 선택지 중 하나를 선택하는 활동, 좋아하는 음식을 들고 친구를 찾는 활동처럼 매우 단순하지만 흥미롭고 재미있는 활동은 학생들과 담임교사로 하여금 다음 수업에 대한 기대를 하게 한다. 특수교사(공존수업을 진행하는 교사)에게는 종종 넘치는 개성으로 학급에서 어려움을 초래하는 학생들을 발견하기도 하고, 학급의 분위기를 관찰할 수 있는 시간이 되기도 한다. 이 과정에서 담임교사를 돕는 지원자로, 동료로 함께 할 수 있는 시발점이 된다.

첫 수업의 마지막으로 특수교사와 만나는 수업에 참여하기 위한 간단한 규칙(제2부. PDC로 만나는 수업_3장. 소속감과 자존감으로 자라는 교실_동의와 가이드라인 참고)을 정하며 마무리한다. 이는 학생들의 작은 성공을 응원하는 자료로 활용하고, 공존수업이 끝날 때까지 교실에 게시한다.

♦ 아이에게 필요한 것은 격려이다 : 마음을 어렵게 하는 아이

첫 번째 수업이 잘 진행된 것일까? "에이~ 그게 뭐야!", "재미없어", "왜 해야 해?"라고, 말하거나 수업에 집중하지 못하고 한 발 떨어진 곳에 있는 학생, 그 외에도 각자의 행동과 말로 교사의 마음을 어렵게 하는 학생들은 있다. 충분히 연결되지 않았음을

행동으로 보여주는 학생들, 오히려 연결되고 싶어 하는 학생들은 특수교사의 능력을 발휘할 수 있는 기회이다. 긍정훈육으로 사회적 기술을 배울 수 있도록 시도할 기회이기도 하다.

두 번째 수업을 준비하면서 연결되지 못한 학생들(수업을 방해하거나 교사의 마음을 어렵게 하는 학생들)이 있는지 떠올렸다. 그리고 수업 시작 전 10분(쉬는 시간) 일찍 교실을 찾는다. 충분히 연결되지 못했던 학생들과 짧은 만남의 시간을 갖는 것이다. 긍정훈육의 기술 중 특별한 시간 제공하기이다. 첫 수업 때와 달라진 학생의 모습을 관찰하여 말해주기도 하고, 이번 수업을 위해 학생의 컨디션을 파악하기 위한 짧은 이야기(아침은 먹었는지, 얼마나 잠을 잤는지)를 나눈다. 그리고 첫 번째 수업에서 새로운 선생님(특수교사)과 함께 어색하고 힘들 수도 있었는데 함께 해주었다는 것에 감사를 표하고, 두 번째 수업으로 진행될 "오늘의 수업도 잘 부탁한다."는 짧은 인사를 건넨다. 학생이 수업에 집중하게 될지 아닐지는 모르는 일이나 교사인 내가 할 수 있는 것에 집중한다. 한 번으로 변화되지는 않을 수 있지만 수업 전 연결되기를 위하여 10분 먼저 할애하는 것은 낯선 교사가 아이들을 위해 할 수 있는 일이다.

두 번째 수업은 그림책을 활용하여 진행한다. 그림책을 보기 전 수업의 절차를 안내하고, 짧은 인사를 건넨다. 지난 시간에

했던 것들을 확인하기도 한다. 그리고 하나를 추가한다면 유머(긍정훈육 기술)의 요소로 교사의 캐릭터를 이용하여 수업자료(PPT)에 숨겨둔다. 집중하지 못하였던 학생들도 교사의 캐릭터가 수업자료의 어디에 숨어있는지 찾는 간단한 활동을 통하여 마음을 연다. 즐거움을 주기도 하고, 간단한 미션에 모든 학생이 성공을 맛보며 수업에 참여할 기회를 제공한다.

이번 수업에서 활용할 그림책은 『세상에서 가장 못된 아이, 에드와르도』이다. 인물의 감정을 대사에 실어 학생들이 책에 집중할 수 있도록 책을 읽어준다. 책을 미리 읽어 본 학생이 있다면, "선생님이 읽어주는 책은 처음이다."라는 멘트로 유머러스하게 넘기기도 하며, "한 번 읽어봐서 잘 알고 있으니, 선생님이 읽어주는 내용을 더 잘 이해하고 다양한 방법으로 해석할 수 있겠구나."라고 용기를 주기도 한다.

그림책을 모두 읽은 후 교사는 학생들에게 질문한다.

Q1. 어른들이 잘못을 지적할 때 에드와르도의 행동은 어떻게 변했나요?
Q2. 어른들에게 가장 말썽쟁이라는 말을 들었을 때 어떤

기분이었나요?

Q3. 에드와르도의 행동을 변할 수 있게 만든 것은 무엇인
가요?

Q4. 우연이지만 에드와르도가 어른들에게 칭찬을 듣고
어떤 생각이 들었을까요?

모든 학생이 책을 제대로 읽었는지, 각자 어떤 생각을 하였는
지, 에드와르도와 같은 경험을 한 적이 있었는지 질문들을 하다
보면 자연스레 그 반에서 선생님께서 어렵다고 입에 오르내리는
학생, 첫 수업에서 긴장된 교사를 곤욕스럽게 하고, 힘들게 하는
학생의 이름이 거론되기도 한다. 그럴 땐 첫 수업에서 나누었던
수업의 규칙(동의와 가이드라인)을 같이 읽어보고 주변의 학생
이 아닌 에드와르도에게 집중할 수 있도록 안내한다. 또 자신의
이야기를 꺼내놓는 학생이 있다면, 자신의 내면 속에 있던 에드와
르도를 꺼내놓은 용기에 고맙다는 박수를 보낸다. 이내 우리 모두
는 에드와르도의 이야기를 듣고 있음에 대해서 얘기해준다.

다음 질문을 이어간다.

우리 반에서 제일 힘든 학생의 이름을 거론했던 학생들은 표정이 굳어지기도 하고, 어색한 분위기가 되기도 한다. 알지만 모르는 척 학생들의 반응을 관찰하는 시간이 협력 교사로 함께 참여하는 통합학급 교사에게도 의미 있는 시간이라고 한다. 수업의 방향은 우리가 잘못된 것을 알게 하는 것에 멈추지 않는다. 모두가 존중하고 존중받는 수업이 되지 않기 때문이다.

그래서 마지막 질문을 하고, 다음 활동으로 잇는다.

Q6. 긍정적인 피드백(칭찬, 격려 등)으로 행동을 변화시
킬 수 있을까요?

모두가 다른 답을 했던 앞의 질문과 달리 모두가 "네~"라고 답하며, 같은 행동을 하는 상황 속에서 소속감을 느낀다. 다음으로 다양한 격려의 말 중 자신이 듣고 싶은 표현을 찾고, 서로 맞추기 활동으로 이어간다. 시간이 부족하다면 자신이 받고 싶은 격려의 말을 하트 모양의 포스트잇에 붙여 책상에 붙여두는 것으로 활동을 종료한다. 그리고 수업의 종료와 함께 작은 숙제를

제시한다. [한 주 동안 6명의 친구를 만나 친구들이 받고 싶은 격려의 말을 해주기].

짧지만 강렬한 수업이다. 어린 에드와르도가 불쑥 튀어나와 불편한 마음인 학생도 있을 것이고, 책을 읽으며 그 에드와르도가 나처럼 생각되거나 친구들에 의해 라벨링 되었던 학생도 있을 것이다. 교사는 교실로 가기 전 수업 중 주목이 되었던 학생들을 만나 어깨에 손을 올려주거나 머리를 쓰다듬고, 미소를 머금은 얼굴로 학생들이 듣고 싶다고 선택한 격려의 말을 전한다. 수업에서 외로웠지만 잘 참여해 주어 고맙다는 짧은 인사와 함께….

♦ **다양성 : 감정으로 만나다**

공존수업의 모든 차시에 "다양함"의 요소를 녹여둔다. 특수교사가 통합학급 학생들과 담임교사에게 하고 싶은 말은 다양성, 그 속에서 함께 존재함에 대한 경이로움과 풍성함을 느꼈으면 하는 바람이다. 감정은 다양성에 관한 이야기를 나누기에 너무 훌륭한 소재이다.

세 번째 수업에서는 영화『인사이드아웃』, 그림책『컬러몬스터』를 활용한다. 보이지 않는 감정을 영상이나 그림으로 표현한 것이 학생들에게 친절한 학습자료이다.

인사이드아웃의 등장인물을 확인하고, 감정의 역할에 관해 이야기를 나눈다. 이번 수업에서는 감정을 4개(기쁨이/슬픔이/소심이/버럭이)로 분류할 수 있음을 안내하고, 미리 만들어 둔 인사이드아웃의 주인공 이미지를 칠판에 붙여 설명한다. 그리고 감정자석카드를 나누어주고, 4개의 감정으로 분류하는 활동으로 진행한다. 20명이 넘는 교실에서 모든 학생이 한꺼번에 감정을 찾아 붙이는 일은 혼란을 일으킬 수 있어 한 분단이나 모둠(5~6명)씩 활동할 수 있도록 진행했다. 기쁨으로 표현될 수 있는 감정이 세분된 표현이 있음을 활동을 통해 학생들은 경험하게 되고, 우리의 감정이 기쁘다, 슬프다, 두렵다, 화난다는 네 가지 감정으로만 표현되는 것이 아니라 더 자세하게 표현되었을 때 쉽고 섬세하게 이해할 수 있음을 확인한다. 더러 엉뚱한 곳에 붙여진 감정 단어가 있을 수도 있다. 그럴 때 학생들의 동의를 얻어 이동해보아도 괜찮다. 4칸으로 나뉘어졌던 선은 떼어지고, 중간에 붙여지는 감정카드도 있다. 또, 4개의 감정(기쁨, 슬픔, 두려움, 화남)이 아닌 다른 곳에 붙여져야 하는 상황도 있어 그럴 경우, 학급회의의 방식으로 존중하고 협력하는 태도로 우리반의 감정카드 분류표가 만들어진다.

다음 활동은 나의 감정을, 스티커를 활용하여 표정으로 꾸미고 맞추는 활동이다. 시간이 길지 않아 꾸미고 맞추는 활동까지 이어지기에 한 시간(40분)의 시간은 부족할 수도 있어 감정과 관련한 다양한 놀이를 담은 책을 활용하여 진행하는 선생님의 상황에 맞게 계획, 운영하는 것도 좋을 것으로 생각한다.

고학년은 경기특수PDC연구회 이지은 선생님께서 나누어주었던 수업 사례를 발췌하여 진행한 활동으로 자신이 느끼는 4개 감정의 수치를 확인해 보고 점을 연결하여 사각형을 만드는 활동이다. 모두가 그린 그림은 사각형이 되지만 누구 하나 완전 똑같은 사각형이 없다는 것을 깨닫고, 학생들은 수업 속에서 다양함을 다른 방법으로 경험하기도 한다.

세 번째 수업은 마지막 질문으로 학생들과 이야기를 나누며 수업을 마친다.

> 제시 상황: 나를 보고 웃어요.
> Q. 이런 상황에서 어떤 감정을 느끼나요?

학생들이 경험한 삶은 다르며, 상황을 해석하는 능력도 다르다. 모두가 각자의 경험을 바탕으로 감정을 표현한다. 그 감정이 기쁨이에 해당하는 감정이거나 슬픔이, 버럭이에 해당하는 감정이라도 모두 수용한다. 활동을 통하여 모두가 경험이 다르고, 해석이 다르고, 신념이 다름을 발표를 통해서 얻는 귀중한 시간이다. 단순한 질문이지만 우리의 경험이 나의 결정과 삶에 다른 영향을 주고 있음을 깨닫는 것만으로도 충분하다.

♦ 꽃으로 태어났어: 상처받은 영대 활동

우리가 태어나서 겪는 경험은 다르고, 기질과 환경 등 다양한 요소에 따라 다른 해석을 한다. 학급에는 수많은 "상처받은 영대"들이 있다. 상처받은 영대 활동은 특수교육대상 학생과 교실에서 어려운 학생으로 표현되는 그들이 드러나는 활동이다. 그래서 울기도, 가슴 아파하기도 한다. 그래도 회복되는 방법을 통해 학생들은 서로를 격려하고 지지한다. 응원하는 태도로 활동을 진행하고 학생들은 참여한다.

네 번째 수업에서 진행되는 "상처받은 영대" 활동은 여러 장에 언급되어 있어 상세히 담지 않는다. 참고로 본 수업의 저자는 그림책『보이지 않는 아이』의 브라이언을 그림으로 그려 진행했다. 자존감을 회복하는 과정에서 친구들의 관심과 친절이 상처받은 영대 활동과 연결되어 있기 때문이다.

네 번째 수업 중 기억에 남는 학생이 있어 나누고자 한다. 첫 수업부터 자신이 원하는 것을 얻을 수 없는 상황에서 크게 우는 소리를 내면서 수업을 방해했던 "진수". 두 번째 수업 시간 에드와르도의 첫 부분을 읽었을 때, 많은 학생이 손가락질하면서 진수의 이름을 불러주었다. 네 번째 수업이 시작되며 브라이언을 소개하고 종이(전지 크기)를 조금씩 구기면서 브라이언(상처받은 영대)이 전학을 오기 전에 들었을 것 같은 상처가 되는 말과 행동을 하는데, 진수는 "나는 종이를 구기고 싶지 않아요."라고 이야기했다. 이 글을 읽고 있는 당신이라면 어떻게 하겠는가?

많은 생각이 오가는 과정에서 진수의 마음을 듣고 싶었다. 어떤 마음인지, 어떻게 했으면 좋겠는지 질문하였다. 그리고 진수가 하고 싶은 대로 잠시 시간을 주었다. "하고 싶지 않으면 패스해도 좋아."라고 말해주는 방법도 있다. 이후 진수는 구겨진 종이의 귀퉁이를 조금씩 펴는 행동을 보였다. 진수의 행동과 말은 저자의 수업 의도와는 다르다. 하지만 모든 사람의 의견은 동등하게 귀중함을 모두가 배우는 과정이다.

수업이 끝나고, 여러 감정이 혼재하는 교실에서 한 권의 그림책을 선물해 주었다. 그림책 『나, 꽃으로 태어났어』. 팝업북으로 모두의 이목을 이끄는 책, 아름다운 색채와 단순한 이미지가 돋보이는 책, 모두가 소중한 존재임을 이야기해 주는 그림책이다. 그림책을 교실에 전시해 주고 학급에 선물한다.

◆ 나의 빛깔 이야기 : 너는 너만의 빛이 있어

수업 자료^{PPT}를 활용하여 수업을 진행하며 첫 번째 수업부터 세 번째 수업까지 교사의 캐릭터를 넣어두고, 학생들이 찾는 간단한 활동으로 수업을 연다. 참고로 네 번째 수업은 상처받은 영대 활동으로 PPT 자료를 활용하지 않는다. 다섯 번째 수업의 PPT 자료에서는 교사 캐릭터가 아닌 다른 캐릭터를 넣어둔다. "오늘부터 수업의 주인공은 선생님이 아닌 너희가 수업의 주인공이야."라고 말해주고, "자신을 찾는 시간이 되었으면 좋겠다."라며 수업의 방향을 안내한다.

다섯 번째 수업의 그림책은 『색깔의 비밀』이다. 그림책은 4페이지(네 형제가 각자의 색깔을 지닌 부분까지)만 활용한다. 그림책 활용 수업에 있어 모두 읽어줘야 한다는 고정관념에서 벗어나는 계기도 되고, 우리에게 각자의 빛깔이 있다는 것만 확인하면 된다.

그 후 각자 자신에게 있는 빛깔을 별로 만드는 활동으로 연결한다. 미술 교과와 연계하여 진행되는 프로그램으로 발도르프 색종이를 활용하여 나만의 별을 만든다. 여러 색종이가 겹치면서 가지각색의 색을 나타내기도 하고, 햇빛이 비치면 교실 안에 여러 빛깔의 그림자로 채워진다. 학생들은 자신의 별을 만들며, 나에게 있는 뛰어난 빛(능력)을 찾아주는 활동을 한다. 『빛을 찾아 떠나는 별난 이야기』의 부록을 참고하거나 미덕을 활용하여 진행해도 좋다. 학생 자신에게 가장 빛나는 빛깔을 스스로 생각하고, 친구들이 맞추는 활동을 하며 학생은 격려받는다. 아무런 빛깔도 없을 것 같은 특수교육대상 학생에게도 빛깔을 찾아주면서 서로를 관찰하며 응원하는 시간을 갖는다.

♦ 그대로도 아름다운 너에게

 마지막 여섯 번째 수업은 학생들에게 존재 자체만으로도 충분히 아름답다는 말을 전해주는 것을 목표로 준비했다.

 그림책 『고마움이 곧 도착합니다』의 주인공 앤디를 수업에 초대하고, "고마운 사람들에게 특별한 것을 줄 수 있다면 무엇을 주고 싶은지?"의 방법으로 감사를 나누기로 한다. 감사의 대상은 바로 옆에 있는 친구이자 우리 반이다. "너에게 ㅁㅁ을 선물해!"라는 간단한 말을 육각형 포스트잇에 적어 칠판에 붙이는 것으로 감사를 표현한다. 학생들이 작성한 육각형 포스트잇을 이어 붙이며 우리가 함께 구성한 것이 벌집처럼 하나의 큰 집이 되었음을 이야기해 준다. 교사는 학생들이 써준 내용을 읽어주면서 서로에게 감사한 마음을 글로 써주고, 실제로는 없지만 주고 싶은 특별한 것을 상상하여 표현하는 것만으로도 충분히 감사를 표현할 수 있음을 학생들은 경험으로 배운다.

 마지막 활동은 격려 활동이다. 자신이 듣고 싶은 격려의 말을 자신이 좋아하는 색깔 종이에 적고, 가위바위보 놀이를 하면서 서로 핑퐁으로 주고받는 활동이다. 5개의 스티커를 나누어주고 4명의 친구와 격려카드를 나누고, 자리로 돌아와 나 자신에게 해주는 마지막 격려의 말까지... 한 수업 시간에 네 번은 타인을 위하여, 그리고 마지막 한 번은 자신에게 주는 격려를 하고 듣는 것으로 마무리한다.

마지막 수업의 헤어짐을 하기 전 가수 옥상달빛의 『그대로도 아름다운 너에게』 노래를 들려주고 여섯 번의 수업에 대한 소감을 나눈다. 수업에 참여해 주었던 모든 학생과 선생님께 감사의 인사를 전하고 공존수업을 종료한다.

처음의 시작은 '통합학급 학생, 통합학급 담임교사를 대상으로 수업해야겠다.'는 마음이었다. 하지만 수업 중 특수교육대상 학생이나 장애에 대해서 직접 언급한 적은 없다. 학생과 교사가 직접 체험하고 경험하는 수업 활동 속에서 타인을 이해하고, 스스로 돌아보는 것으로도 충분하다. 관계 속에서 서로를 격려하고, 공감하면서 존중하는 태도가 무엇인지 교사를 통해서, 수업의 내용 속에서, 학급의 친구들을 보면서 배우는 것이다.

그대로도 아름다운 선생님들의 시작과 동료 교사와 학생들의 변화를 응원하고 격려한다.

4

격려를 통해 성장하는 우리

관계에 대해 고민하다

2023년, 특수학급을 포함한 7학급의 작은 학교에 우리 별이가 입학했다. 당시 본교 1학년 입학생은 여학생 5명으로, 별이도 그 중 한 명이었다. 별이는 키 110cm, 몸무게 14kg으로 또래에 비해 체구가 아주 작았다. 2019년 교육부 조사 결과에 따르면 1학년 여자아이들의 평균 키는 120.6cm, 몸무게는 24kg이었다. 또래 사이에 서 있는 별이는 너무나도 어린 동생처럼 보였다.

신발조차 혼자 신고 벗기 어려운 별이는 어린이집 아이처럼 바닥에 앉아 신발 한 짝을 양손으로 잡고 한참을 낑낑댔다. 쉬는 시간 종소리와 함께 후다닥 신발을 신고 뛰어나가기 바쁜, 에너지 넘치는 1학년 아이들은 그런 별이를 기다려 주지 않았다. 아침 독서 시간에 친구들이 손을 잡고 도서관에 책을 빌리러 가지만, 난간을 잡고 한 걸음 한 걸음 천천히 올라가는 별이는 늘 뒤처졌다. 후다닥 책을 읽고 재잘재잘 이야기를 나누는 친구들 속에서 글자를 모르는 별이는 그림만 바라보며 책장을 넘길 뿐, 친구들과 도란도란 이야기를 나눌 수 없었다. 친구들의 이야기를 이해하기 힘든 점도 있었고, 하고 싶은 이야기가 있어도 어휘가 잘 떠오르지 않아 "있잖아요, 있잖아요. 그런데 있잖아요"만을 반복했다. 어른들은 이런 별이의 말을 인내를 가지고 기다려 줄 수 있으나, 1학년 친구들에게 그런 인내는 힘든 일이었다.

학기 초에 실시하는 장애 이해 교육도 이루어졌지만, 반짝이는 관심만 보일 뿐 이내 사라져버렸다. 특수교사가 통합학급에서 함께 활동할 때는 특수교사에게 말을 걸며 별이에게 다가올 뿐, 특수교사가 없는 상황에서는 별이에게 관심을 두는 친구가 없었다.

등교 시간, 독서 시간, 급식 시간, 쉬는 시간 등 틈이 나면 별이를 찾아가 별이의 적응 행동을 지원하는 특수교사에게 어느 날 아이들이 질문을 했다.

"선생님은 별이가 왜 좋아요?"

한글과 숫자를 알지 못하고, 선 긋기가 어려워 삐뚤삐뚤 그리며, 기본 도형조차 제대로 된 형태가 나오지 않는 별이. 편식이 심해 고춧가루 양념이 된 음식은 전혀 먹지 못해 급식 시간에 손톱만 뜯고 있는 별이. 시간 개념이 없어 상황에 맞지 않는 엉뚱한 이야기를 하며 노래를 부르고 싶어도 가사를 읽을 수 없어 마음대로 부르는 별이. 부정확한 발음으로 제한된 어휘만을 반복하는 별이의 모습 속에서 친구들은 별이만의 매력을 찾기 어려웠을 것이다.

그러나 나에게는 너무나도 사랑스러운 학생이었다. 한글과 숫자를 몰라도 자기가 이해할 수 있는 만큼 배우려는 학생이었으며, 부정확한 발음에도 기죽지 않고 열심히 큰소리로 따라 말하며 삐뚤하게 생긴 동그라미를 스스로 그렸다는 것에 뿌듯해하는 모습을 보이는 학생이었다. 편식이 심해 항상 급식판을 마지막에 정리하지만, 물을 잔뜩 마시더라도 빨간 양념 맛을 조금씩 먹어보려고 노력하며 노래를 들으면 흥을 가장 잘 느끼고 표현하는 너무나도 매력적인 학생이었다.

"선생님은 열심히 배우려고 노력하는 별이가 너무 사랑스러워"라고 이야기했지만, 아이들은 의아한 표정을 지었다. 나의 눈에 비친 별이의 매력을 친구들도 알면 좋을 텐데, 내가 늘 해오던 장애 이해 교육 방식으로는 별이에 대한 아이들의 시선에 즉각적인 변화를 주지 못했다.

그리고 그렇게 별이는 2학년이 되었고 여전히 학급 구성원이 아닌 주변인으로 머물고 있었다.

'교사가 옆에서 바라보고 중재해 주지 않아도 별이가 친구들과 관계를 맺을 수 있는 방법은 무엇일까?'

작은 학교의 특성상 전학생이 없으면 새 학년이 되어도 새로운 친구 관계를 형성하지 못하고 기존의 관계가 더 견고해지는 모습을 볼 수 있다. 지금의 관계가 개선되지 않는다면 별이는 학교를 졸업할 때까지 그들의 친구가 아닌 주변인으로 지낼 것 같았다.

PDC로 연결하다

나의 고민의 해답은『격려수업』이었다. 격려수업[EC]은 린 로트와 제인 넬슨이 만든 긍정훈육법을 사용하여 자신의 내면 아이와 이야기를 나누며 재훈육을 하는 상담이다. 즉, 자신의 내면 아이를 재훈육하면서 자신을 둘러싼 주변 사람들과 자신과의 관계를 향상시키는 것이다. 기존에 시도했던 장애 이해 교육은 장애 학생의 특성을 설명하고 다름에 대한 인정과 존중을 목표로 이루어졌다. 그러나 개인의 내면적 성장 없이 타인에 대한 이해와 공감은 일시적일 수밖에 없었다. 격려수업을 통해 아이들의 내면이 단단해질 때, 자기 격려를 바탕으로 상대방을 격려할 수 있는 힘이 생길 수 있다는 사실을 알게 되었고, 그 힘을 토대로 함께 성장할 수 있는 교육 내용을 설계하였다. 격려수업[EC]을 학생용으로 집필한 김성환 선생님의 '하루 한 장 격려 노트'를 토대로 본교 통합학급 학생들과 별이의 학습 수준을 고려하여 재구성하였다. 저학년 수준을 고려하여 줄글보다 그림책을 도입하였으며, 활동 내용 역시 대상 학생들이 참여할 수 있는 내용으로 선정하였다.

수업의 흐름은 1단계 '있는 그대로의 나를 사랑하기', 2단계 '다른 사람 이해하기', 3단계 '서로 격려하기'로 구성하였으며, 그 중 실제 수업 사례 네 가지를 소개하고자 한다.

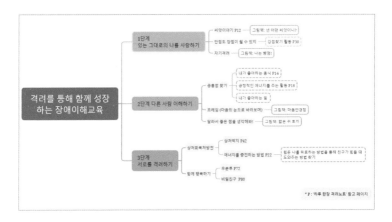

♦ 있는 그대로의 나를 사랑하기 : '씨앗 이야기'

단계	내용
동기 유발	· '무궁화꽃이 피었습니다.' 변형 놀이하기 · 'ㅇㅇ이 꽃이 피었습니다'를 듣고 ㅇㅇ이의 동작 따라하기
활동1	· 『넌 어떤 씨앗이니』 그림책 읽기
활동2	· 기억에 남는 장면 이야기하기
활동3	· 내 안에 숨겨진 씨앗 살펴보기 (※미덕의 보석 활용) · 퀴즈를 통해 각각의 단어 뜻 이해하기

내가 피운 꽃은?

끈기 자주 존중 감사

협동 경청 배려 성실

공감 질서 용기 예절

활동3	· 씨앗이 꽃 피우기 위해 필요한 것 이야기해 보기 – 물, 햇살, 바람, 관심 등 – 씨앗이 어떤 환경에서 자라는지에 따라 꽃의 성장이 다르듯, 우리 안의 꽃도 성장의 모습이 다르다는 것을 설명함.	
	· 내 안에서 활짝 핀 꽃, 조금 피어난 꽃, 그리고 피어날 준비를 하고 있는 꽃봉오리에 자신의 씨앗 적어보기	피워야 할 씨앗! 삭게 피운 씨앗! 많이 피운 씨앗!
	· 우리들의 씨앗 살펴보기 – 공통적인 씨앗/나만의 씨앗 찾아보기	
	하루한장 격려노트 문구 활용 "나는 _____ 사람이고 앞으로 나는 계속 성장할 겁니다. 그런 나에게 용기를 줍니다."	

[수업 속 작은 이야기 하나]

"방금 본 그림책에서 어떤 장면이 기억에 남나요?"

"봉숭아꽃이요. 예전에 손톱에 물들여본 적 있어요."

"나도 봉숭아예요."

수연이의 대답을 듣고 별이가 재빨리 말을 하기 시작했다.

"나는 민들레꽃이에요. 봄에 민들레 홀씨를 불어본 적 있어요."

"나도 민들레예요."

이번에도 연하의 대답을 듣자마자 별이가 이어서 말을 했다. 별이도 친구들처럼 무엇인가 대답을 하고 싶었던 모양이다. 교사 입장에서는 하지 않으려는 학생보다 어떻게든지 참여하려는 학생이 예뻐 보일 수밖에 없다. 나는 그런 별이를 바라보며 미소를 지었다. 그러나 친구들의 시선은 차가웠다.

"왜 자꾸 따라서 말해! 내 말 따라하지 말라고!"

자신의 말을 따라하는 별이를 보고 짜증을 냈다. 이런 상황은 비단 오늘만의 일이 아닐 것이다. 별이의 특성상 통합학급 수업 중에 빈번히 일어날 수 있는 행동이었고, 그럴 때마다 아이들은 불편한 감정을 이렇게 표출하고 있었던 것이다.

"선생님도 가끔은 옆에 있는 사람의 말이 근사하거나 멋있을 때 그 말을 기억하고 싶어서 따라 말하는 경우가 있어. 연하가 말하는 내용이 너무 멋있나 보다. 그런데, 연하는 별이의 말이 불편했구나. 별이야, 지금은 선생님 이야기를 들어야 하는 시간이니까 선생님 말에 좀 더 귀를 기울여 보자!"

각자의 마음을 한 번씩 짚어주자 짜증을 내던 연하의 표정이 살짝 누그러졌다. 그렇다고 별이의 말 따라하기 행동에 큰 변화가 있었던 건 아니다. 아주 조금씩 자제하려는 모습을 보이긴 했지만 여전히 친구의 말을 따라했다. 그러나 8차시의 수업이 진행되면서 친구들의 반응은 우리 별이의 변화보다 더 빨리 다가왔다. 자신을 놀리거나 수업에 방해되는 행동이 아닌 별이만의 순수한 행동으로 여기는 듯 훨씬 더 부드러운 시선을 보였다.

[수업 속 작은 이야기 둘]

친구들이 적은 씨앗을 살펴보던 연하가 "우리 모두 감사가 다 있네"라고 말했다. 다름과 같음이 함께 공존하고 있다는 걸 알려주고 싶었는데, 직관적으로 발견한 것이다. 연하의 말에 다른 친구들도 갑자기 관심을 가지며 서로의 것을 비교하기 시작했다.

"맞네, 감사가 다 있네."

"나도 감사 있어."

별이도 연하의 말을 듣고 친구들의 이야기에 동참했다. '감사'라는 단어 하나에 아이들이 웃음을 짓기 시작했다. 같은 것이 있다는 사실이 서로를 연결하는 끈이 되어주는 것 같았다. 그러나 '같은 것'만큼 각자의 특징을 나타내는 '다른 것'을 확인하는 과정이 필요했다.

"나는 끈기가 제일 활짝 핀 꽃이야. 너는?"

"나는 끈기가 작게 핀 꽃인데… 나에게 큰 꽃은 용기야."

재잘재잘 재잘재잘…

머리를 맞대며 서로의 같고 다름을 확인하면서 아이들은 있는 그대로의 모습을 알아가고 있었다. 그 이후 모든 수업에서 우리는 다름과 같음을 함께 찾는 활동이 이루어졌다.

◆ 있는 그대로의 나를 사랑하기 : '자기 격려'

단계	내용
동기 유발	· 내가 좋아하는 빵은? – 돌아가며 자신이 좋아하는 빵 이야기하기 – 친구들의 이야기를 들으며 같은 점과 다른 점 확인하기.
활동1	· 『나는 빵점』 그림책 읽기 – 표지 그림 이야기 나누기 – 식빵의 표정은 어때요? – 다른 빵들의 표정은? – 무슨 일이 있었던 걸까? – 빵점의 뜻은 뭘까?

활동2	· 강점이란? – 강점에 관해 설명하기 – 내가 잘하는 것에 대한 예시 – 마음이나 태도에 대한 예시	내가 잘하는 것 설명을 한다 줄넘기를 잘한다 ★★★	마음이나 태도 감사함을 잘 표현한다 어려워도 도전한다 ★★★
활동3	· 내가 생각하는 강점은?		
활동4	· 친구의 강점 찾아보기 – 친구의 장점을 찾아 포스트잇에 적고 붙여주기		
마무리	· 강점 살펴보기 – 내가 찾은 나의 강점과 친구가 찾아준 나의 강점 비교해 보기 – 같은 점과 다른 점 이야기해 보기 – 내가 생각한 강점과 친구가 찾아준 강점이 같다는 건 내 안의 씨앗이 잘 자라 활짝 피 어난 꽃과 같아요. 반대로 다른 점이 있다는 건 아직 활짝 피어난 꽃이 아니기에 나는 잘 모르지만, 함께 지낸 친구들은 느꼈던 강점이에요. 오늘 활동을 통해 잘 알지 못했 던 강점을 이 기회에 키워나갈 수 있도록 우리 모두 노력해 봐요.		

[수업 속 작은 이야기]

"지금부터 친구의 강점을 찾아볼 거예요. 선생님이 화면에 보여주는 친구의 강점을 이야기해 볼까요?"

" ……"

통합학급 학생들은 이런 활동을 잘 할 것이라 여기며 예시 없이 진행했지만, 침묵은 뜻밖의 반응이었다. 한동안 정적이 흘렀다. 사실, 교사인 나도 통합학급 학생들의 강점을 잘 알고 있지 않아 당황스러움을 감추기 힘들었다. 황급히 친구에서 선생님으로 대상을 바꾸었다.

"그러면, 친구를 하기 전에 보람이 반 선생님의 강점을 한번 찾아볼까요?"

"…"

여전히 정적만이 교실을 감쌌다.

'내 강점을 내가 말해야 하나? 상대방이 찾아주는 것에 의미가 있는 수업인데, 어쩌지….'

대답 없는 아이들을 보며 당황스러움에 여러 가지 생각이 떠올랐다. 그래도 수업을 이끌어가야 하는 교사로서 어떻게든 이 정적을 깨어야겠다는 생각으로 별이에게 질문을 던졌다.

"선생님이 별이에게 어떻게 이야기하지? 친절하게 이야기해? 아니면 화내면서 이야기해?"

갑작스러운 나의 질문에 손톱을 물어뜯던 별이가 깜짝 놀라며 눈을 깜박거렸다.

"선생님이 화를 내? 아니면 친절해?"

다시 한번 간절한 눈빛으로 질문을 하니 그제야 밝은 목소리로 "친절해요"라고 대답해 주었다.

"아~, 별이가 선생님 강점을 찾아줬네."

'선생님은 친절하게 말해요'라고 말하며 약속된 포스트잇에 글을 적은 후 별이에게 붙여달라고 했다. 교사를 예시로 연습했기에 이제는 잘할 수 있을 거라는 마음으로 수연이의 얼굴을 화면에 띄웠다. 그러나 또다시 적막이 흘렀다. 얼굴이 화면에 띄워진 수연이는 친구들의 침묵에 표정이 어두워지기 시작했다. 여기서 수연이가 울음을 터뜨리면 오늘 수업은 엉망이 될 것 같은 불안감에 또다시 별이에게 질문을 던졌다.

"어제 수연이가 점심시간에 별이랑 블록으로 함께 뭘 했지?"

별이는 첫 번째 질문에 대답을 해봐서인지 나의 간절한 두 번째 질문에 큰소리로 거뜬히 대답해 주었다.

"놀았어요."

"그래, 수연이는 별이랑 즐겁게 잘 놀아주는 강점이 있네."라고 말하며 수연이의 강점을 포스트잇에 적었다. 그제서야 강점 찾기가 어렵지 않다는 걸 알았는지 저마다 한두 마디씩 말하기 시작하며 활동을 진행할 수 있었다.

사실 나 역시 장점보다 단점을 더 잘 찾는 편이다. 뭔가 거창하고 대단한 것이 아니면 장점이라고 말하기 힘들다고 생각하고 있었기에, 순식간에 적어 내리는 단점에 비해 장점을 한 가지 적고 나서 다음 한 가지를 찾기까지 오랜 시간이 걸린다. 아이들도 그런 생각을 했던 것 같다. 사용한 물건을 제자리에 두는 일, 쓰레기를 휴지통에 버리는 일, 도서관에서 빌려온 책을 깨끗하게 보는 일, 줄넘기를 뛰는 일이 힘들지만 계속해서 해보려는 마음, 넘어져 다친 친구에게 '괜찮아'라고 말해주는 일 등 당연하게 여겨졌던 행동이나 마음 역시 강점이 될 수 있다는 것을 알게 된 후 쉽게 찾아내기 시작했다.

수업의 마무리 단계에서, 친구들이 적어준 강점을 읽어보던 연하가 갑작스러운 질문을 했다.

"선생님, 이건 내 강점이 아닌 것 같아요. 잘못 적은 것 같은

데요.”

연하는 ‘친절해요’라고 적힌 포스트잇을 가리켰다. 사실 연하는 평소 얼굴에 감정이 잘 드러나지 않으며 냉소적으로 말하는 편이다. 연하는 친구가 적어준 ‘친절해요’라는 단어를 보며 의아함과 동시에 궁금해하는 모습이 보였다.

“연하에게 적은 ‘친절해요’라는 강점의 뜻을 설명해 줄 수 있을까?”

나 역시 ‘얼음공주’의 친절함이 궁금해졌다. 그때 수연이가 수줍은 듯이 이야기했다. 의외의 인물이었다. 연하가 평소 별이 만큼이나 소원하게 지내는 친구가 수연이었기 때문이다.

“지난번에 연하가 수학이 어려워서 못 풀고 있었는데, 가르쳐 줬어요.”

연하는 기억조차 하지 못한 일인 것 같았다.

“그게 친절한 거야?”

“…”

연하의 말에 수연이는 고개를 숙였다.

“연하는 친절해지려고 마음먹은 일이 아니었지만, 도움이 필요한 수연이에게는 큰 친절이었네. 연하는 ‘친절’이라는 씨앗이 없다고 여기겠지만, 선생님이 보기에는 아직 활짝 피지 못한 작은 꽃봉오리인 것 같아. 지난번에 씨앗 이야기에서 배웠지? 아직은 그 씨앗이 작아서 연하 스스로가 잘 느끼지는 못하지만, 같이 생활하는 친구들은 그 씨앗의 좋은 점을 이렇게 느끼나 보다.

이제 연하가 친절의 씨앗을 수연이 덕분에 알았으니, 더 크게 잘 피었으면 좋겠다."

연하는 멋쩍은 듯 수연이를 한 번 보고는 자리로 돌아갔다. 싫은 기색은 아니었다. 수연이도 고개를 들어 슬며시 연하를 바라보았다. 수연이는 연하와 친해지고 싶었지만, 방법을 몰라 늘 연하의 뒷모습만을 바라보는 친구였다. 두 친구 사이에서 보이지 않는 작은 끈 하나가 연결되는 느낌이 들었다. 별이를 위해 시작한 수업이 통합학급 친구들 사이에서도 연결의 끈을 하나씩 놓고 있었다.

♦ 다른 사람 이해하기 – '공통점 찾기'

단계	내용
동기 유발	· '행복해져라' 노래 듣기 · 내가 행복할 때/ 행복하지 않을 때 이야기 나누기
활동1	· 『행복은 내 옆에 있어요』 그림책 읽기 – 그냥 시무룩해지고 기분이 좋지 않을 때 무엇을 하면 좋을까?
활동2	· 와삭와삭 과자를 먹으면서 기분이 좋아진 봄이처럼 나를 기분 좋게 만들어 주는 음식을 생각해 보아요.
활동3	· 자전거 타기, 엄마 아빠랑 놀이공원 가기, 빗속을 걸으며 행복해하는 봄이처럼 즐거운 기분이 드는 활동을 생각해 보아요.
활동4	· 지금까지 생각해 본 것 중에서 내가 힘이 들 때 긍정적 에너지를 주는 활동 다섯 가지를 골라보아요.
활동5	나에게 긍정적 에너지를 주는 활동 소개하기

[수업 속 작은 이야기]

"와삭와삭 과자를 먹으면서 기분이 좋아진 봄이처럼 나를 기분 좋게 만들어 주는 음식을 생각해 볼까요?"

아이들은 자신이 좋아하는 음식을 쉽게 떠올리며 순식간에 적어 내려갔다. 그리고 누군가 자신이 좋아하는 음식을 이야기하면 '나도 나도!' 하며 뜨거운 반응을 보였다.

"이번에는 자전거 타기, 엄마 아빠랑 놀이공원 가기, 빗속을 걸으며 행복해하는 봄이처럼 즐거운 기분이 드는 활동을 생각해 보아요."

나의 두 번째 질문은 조금 전까지 야단법석이었던 아이들의 반응에 찬물을 끼얹었다.

"······"

아이들은 어떻게 대답해야 할지 모르겠다는 표정을 지었다. 좋아하는 음식은 미각을 통한 즉각적인 반응이라 깊이 생각하지 않아도 쉽게 알 수 있지만, 자신이 즐거워하는 일은 다양한 경험과 함께 자신의 감정을 떠올릴 때 알 수 있는 부분이다. 수업을 진행하는 나 역시 학창 시절 내가 무엇을 좋아하는지를 생각해 보는 시간을 가져본 적이 없다. 격려수업^{EC}을 하기 전까지 가장 잘 알고 있어야 하는 나를 오랜 시간 동안 가장 모르고 있었다.

그때 연하가 수줍게 이야기했다.

"선생님! 저는 멍때릴 때가 제일 좋은데, 그것도 돼요?"

"그럼, 요즘은 일부러 멍때리는 시간을 가지도록 권장하기도

해!"

멍때리는 것도 좋은 방법의 하나라고 격려하자 연하의 수줍던 표정이 어느새 자신감으로 가득 차오르며 힘차게 적기 시작했다. 그런 연하를 보며 수연이가 슬며시 질문을 했다.

"잠자기도 돼요?"

"당연하지. 선생님도 슬플 때 침대에서 잠을 자면 기분이 훨씬 좋아져."

나의 대답이 끝나기가 무섭게 수연이는 당당하게 '잠자기'를 썼다.

두 아이의 모습에 다른 친구들 역시 어렵게만 여겼던 질문의 답을 찾기 시작했다. 그 뒤 물꼬가 트이듯 속도를 내며 활동지를 채워나갔다.

탕후루 먹기, 배드민턴 치기, 그네 타기 등 기분이 좋아지는 일은 뭔가 특별한 일이 아닌 일상생활의 소소한 활동 속에서 찾아지는 행복들이다. 나 자신을 알아가는 일 역시 뭔가 특별한 일이 아니다. 소소한 일상생활 속에서 내가 느끼는 감정을 이해하고 그 감정을 조절할 힘을 내가 가지는 것이다.

수업의 마무리 활동에서 자신이 찾은 긍정적인 에너지를 주는 활동을 발표한 후 퀴즈 놀이를 했다.

"친구들 발표 모두 잘 들었죠? 자 그러면 지금부터 이야기하는 활동을 듣고 주인공이 누구인지 찾아보아요"

"네~"

아주 단순한 놀이지만 아이들은 눈을 반짝거린다.

"이 친구는요, 치킨을 먹을 때 긍정적인 에너지가 가장 많이 생긴대요. 2위는 과자, 3위는 초코케이크이고요, 4위는 멍때리기래요. 그리고 5위는 돼지국밥이랍니다. 과연 누굴까요?"

연하에게 관심이 많았던 수연이는 내 말이 끝나기도 전에 손가락으로 연하를 가리키고 있었다. 별이 역시 그런 수연이를 보고 따라서 연하를 가리킨다. 연하 역시 수줍게 웃으며 자신을 가리킨다. 친구들이 모두 자신을 알아맞혔다는 것에 연하는 즐거운 표정이었다. 긍정적인 관심을 받을 때의 기쁨이 여실히 보이는 순간이었다. 4명밖에 되지 않는 인원이라 짧게 끝나는 퀴즈가 아쉬워 이번에는 각 친구가 쓴 긍정적인 에너지 중 3순위를 맞추기로 했다. 답이 뻔히 보이는 이 퀴즈를 아이들은 너무나도 좋아했다. 승자와 패자로 나누어지는 경쟁이 아니기에 정답을 맞힌 친구도, 정답의 주인공인 친구도 모두가 함께 공유할 수 있는 이야기로 즐거운 시간이었다.

아이들의 웃는 모습을 보며 우리 반 별이 뿐만 아니라 이제 통합학급 친구들 모두가 예전보다 더 연결됨이 느껴졌다.

♦ 서로를 격려하기 – '상처 회복처방전'

단계	내용
동기 유발	· 〈아픈 건 딱 질색이니까〉 노래 듣기 – 노래 가사에서 뜻하는 아픔은 뭘까? – 몸이 아픈 걸까? 마음이 아픈 걸까? – 마음이 아픈 건 왜 싫을까?

활동1	· 걱정 없는 사람이 있나요? – 여러 가지 고민 살펴보기	
활동2	· 『고민 식당』 그림책 읽기	
활동3	· 고민 식당 만들기 – 포스트잇에 고민 적어보기 – 고민 식당의 주인이 되어 친구들의 고민 해결 음식 만들어 주기 – 친구에게 해주는 격려의 말 '_____ 해서 걱정이 되는구나! 그렇지만 괜찮아! _____.'	

[수업 속 작은 이야기]

"평소 내가 가지고 있던 고민을 한 번 적어볼까요?"

"…"

"고민이 없는데요."

"…"

"고민을 떠올리면 내 마음이 힘들어서 자꾸 감추려고 해. 그런데 힘든 고민을 꺼내놓고 이야기를 나누지 않으면 고민이 내 마음속에 숨겨진 채 점점 커질 수 있어. 그래서 오늘은 숨겨놓은 고민을 한 번 살펴보고 마음이 더 힘들어지지 않게 이야기를 해볼 거야. 깊이 숨겨놓은 사람이 있을 수 있으니, 오늘은 생각하는 시간을 넉넉하게 줄게."

반응이 바로 나오지 않으면 예시를 주거나 과제 수준을 바꾸는 등 뭔가를 제시해 주어야 하지 않을까 하는 불안감이 생기기 시작했다. 그러나 고민의 시간이 힘들어도 그 시간 역시 아이들이 배워나가는 시간임을 깨닫고 기다려 보기로 했다.

아이들은 한참을 고민하는 모습을 보였다. 그리고 일정 시간이 흐른 뒤 아이들이 고민을 하나씩 꺼내기 시작했다. 우리의 뇌는 질문을 하는 순간 질문에 대한 답을 찾기 위해 움직이는 것처럼, 고민을 인지하는 순간 해결 방법을 찾을 수 있다. 흔히 부모나 교사는 고민에 대한 근본 원인을 찾기보다 아이들이 고민하는 모습이 보기 힘들어 먼저 해결책을 제시해 주는 오류를 범한다. 약이 쓰더라도 병을 낫기 위해 쓴맛을 감수해야 하는 것처럼, 무의식에 감추어진 고민이 힘들어도 꺼내볼 수 있는 시간을 주는 것은 나 스스로를 이해할 수 있는 의미 있는 일이다. 그리고 스스로의 고민과 힘듦을 이해하고 이겨낼 때, 다른 이의 아픔을 이해할 수 있는 마음의 씨앗이 커질 수 있다. 오늘의 활동은 고민의 해결보다 자신의 고민을 스스로 생각해보고 찾아냈다는 것에 큰 의미가 있었다.

마지막 격려 활동에서 아이들은 자신의 고민을 이야기하거나 친구의 고민을 들어준 경험이 없어서인지 '친구에게 해주는 격려의 말'을 어떻게 해야 할지 몰라 했다.

"선생님! 이거 어떻게 해요?"

"네가 해주고 싶은 말을 적어도 되고, 생각이 잘 나지 않으면 선생님이 적어둔 예시처럼 적어도 돼."

"그런데, 이거 친구에게 꼭 말로 해주어야 해요?"

태연이가 난감한 표정을 지으며 물었다.

"힘이 들 때 격려의 말을 듣게 되면 힘을 얻을 수 있어. 그 연습을 하는 거야."

아이들은 썩 내키지 않는 표정을 지었지만, 할 수 없다는 듯이 마지못해 격려의 말을 읽기 시작했다. 별이 차례가 왔다. 글을 읽기가 아직 어려운 별이는 교사가 읽어주는 문장을 듣고 따라 말하기 시작했다.

"축구를 잘하지 못해 걱정되는구나. 그렇지만 괜찮아! 연습하면 실력이 늘 거야. 화이팅!"

별이의 쩌렁쩌렁한 목소리에 아이들이 모두 별이를 바라보았다. 친구들은 어색하고 부끄러워 작은 목소리로 말끝을 흐리며 읽었던 격려의 말을, 별이는 너무나도 자신감 넘치게 말하는 것이었다.

"안 부끄러워?"

연하가 별이에게 물었다. 별이는 그 말의 뜻을 잘 이해하지 못했는지 눈만 끔벅거렸다.

그때였다.

"별이 대단하다."

어디선가 별이를 향한 감탄의 목소리가 들렸다. 격려 표현을 제일 난감해하던 태연이의 입에서 나온 말이었다. 입 밖으로 표현하기에 너무나도 쑥스러웠던 격려의 말을 큰소리로 표현하는 별이가 대단해 보인 것 같았다.

"별이 잘한다."

태연이의 말을 들은 수연이도 덩달아 칭찬했다. 그 순간 별이는 다른 친구들이 하기 어려운 일을 해내는 용기 있는 아이가 되었다.

"별이에게는 새로운 일을 즐겁게 배우려는 씨앗이 있어. 아마도 그 씨앗이 좀 더 커진 것 같네. 그리고 원래 해보지 않은 일은 낯설고 어려운 게 당연해. 하지만 시도해보는 용기가 중요한 거야. 처음 시도해보는 용기를 내보았으니, 다음에는 좀 더 편안하게 할 수 있을 거야."

아이들은 반신반의한 표정을 지었지만, 나는 감정 표현과 공감은 후천적인 교육으로 키워져 나간다는 말을 믿고 있다. 스스로를 다독이며 '괜찮아'라는 자기 격려를 할 수 있고, 힘든 친구에게 용기를 주는 격려를 할 수 있는 힘을 기르기 위해 나는 아이들과의 격려수업을 이어 나갔다.

현재 별이는 특별한 단짝 친구가 있지는 않지만, 통합학급의 한 구성원으로서 이름을 불러주고 함께 해주는 친구들이 있다. 여전히 속도가 느려 수업이 끝난 후 돌봄교실로 혼자 이동하지만, 돌봄교실에서 방과후 수업을 들으러 갈 때 친구들 무리에 섞여 함께 움직인다. 등교 후 혼자서 가방 정리를 한 후 도서관에 가는 친구를 보면 '나도 같이 가.'라는 말을 할 수 있고, 친구들도 거부하지 않는다. 혼자 그림책을 읽고 있는 별이에게 친구가 젤리를 주면 고맙다는 말 대신 "이거 뭐야?"라는 말이 먼저 나오지만, 친구들은 별이의 말을 오해하지 않는다. 아직 별이가 배워야 할 사회적 기술들은 많지만 예전처럼 치료실에서 배우는 학습이 아닌 친구들과 어우러진 교실에서 함께 생활해 가며 익히고 있다.

때로는 복도가 떠나갈 듯 큰소리로 울음을 터트리지만 친구에게 사과를 하고 사과를 받기도 한다. 그리고 다시 손을 잡고 함께 교실로 돌아가는 뒷모습을 보게 된다. 얼음공주 연하는 이제 슬쩍슬쩍 미소를 보이며 인사를 해 온다. 늘 항상 내가 먼저 인사를 건네면 의무적으로 인사를 해 온 연하의 얼굴에 표정이 생긴 것이다. 그리고 별이와의 일정 거리가 사라지고 가끔은 별이 옆에 서 있는 모습을 보게 된다. 물론, 아직 별이와 손을 잡고 이야기를 나누지는 않지만 마음의 거리가 조금은 줄어들어 보인다.

연하의 뒷모습만을 바라보며 친해지기를 바랐던 수연이는 이제 별이와 조금 더 가까워졌다. 물론 아직도 연하와 친해지기를 기대하는 모습도 보이긴 하지만 별이에게 먼저 다가와 블록 놀이를 같이하자는 말을 꺼낸다. 때로는 별이가 수연이 뜻대로 해주지 않아 속상한 마음에 달려와 울기도 하지만 별이가 싫다는 이야기는 하지 않는다. 태연이는 별이와 직접적인 놀이를 하지 않지만, 보건실이나 교무실에서 간식을 얻게 되면 학급 친구들 수만큼을 꼭 챙겨와 별이에게 나누어 준다. 간식을 받는 별이가 고마움을 표현하지 않아도 태연이는 묵묵히 다른 친구들과 똑같이 나누어 준다. 아이들은 저마다 각자의 방식으로 자기가 할 수 있는 만큼 관계를 맺고 있다. 때로는 끈끈하게 때로는 느슨하지만 관계의 끈을 놓지 않는다. 난 그것만으로도 충분히 감사하다. 그리고 그 끈이 계속해서 이어지기를 소망한다.

　아이들과 수업하면서 나의 씨앗은 무엇일까를 함께 생각해 보았다. 수업의 끝자락에서 아이들을 돌아보며 나에게 '용기'의 꽃봉오리가 활짝 핀 걸 느끼게 된다. 별이의 어려움을 알고서도 방법을 몰라 고민하던 시기에 외면하거나 주저앉아 자책하지 않고 할 수 있는 뭔가를 찾아 시도할 수 있는 용기가 수업하면서 점점 더 큰 꽃으로 피어난 것 같다. 그리고 활짝 피어난 용기의 꽃으로 별이와 통합반 친구들과의 이야기를 글로 남기게 되었다. 별이를 위해 시작했던 일이 별이를 둘러싼 친구들과 나와의 성장과 맞물려졌다. 그것이 바로 격려가 가지는 힘이 아닐까, 한다.

긍정훈육을 통한
특수교육의 길을 제시하다

닫는글

지금까지 긍정의 훈육을 함께 공부하고 고군분투하며 실천해
온 교사들의 생생한 경험을 바탕으로 이 글을 작성하였습니다.
이 노하우를 전국의 교사들과 함께 나누고자 합니다.

그동안 우리 특수교사들은 특별한 도움이 필요한 아이들이
학교에서 건강한 성인으로 성장하도록 돕기 위해, 자신을 이해
하고 타인을 존중하며 공동체 속에서 살아가는 기술을 익히도
록 지도해 왔습니다. 안전하고 평화로우며 서로 존중하는 공동
체 문화를 만들고자 하는 우리의 노력은, 우리 사회에서 살아갈
아이들이 학령기에 배워야 할 중요한 요소입니다.

그러나 안타깝게도 이에 대한 교과서나 지침서는 찾아보기
어려웠고, 교사가 되기 전에 미리 배울 수 있는 실전 입문서조차
없었습니다. 이러한 열악한 현실 속에서 교사들은 동료들과 배
우고 실천하는 과정을 통해 새로운 아이디어를 만들어 왔습니

다. 다행히 '학급긍정훈육'은 교사들이 배우고 실천하기에 알맞게 개념부터 활동까지 정리된 훌륭한 이론서이자 참고서가 되어주었습니다. 특수교사들은 지역의 연구회 또는 전문적 학습 공동체를 이루어 지금도 이를 꾸준히 실천하고 있습니다.

　사람은 혼자서는 살 수 없으며, 성인이 될 때까지 타인의 도움, 특히 건강하고 성숙한 어른의 보살핌이 필요합니다. 특수교사들은 각기 다른 학교 현장에서 아이들을 보살피고, 희망을 품고 당당하게 나아갈 수 있도록 이끌어 주기 위해 노력하였습니다.

　지금은 그 어느 때보다 학부모와의 신뢰를 회복하고 함께 학교의 교육적 가치를 만들어 가야 할 시기입니다. 따라서 지금이 우리의 결과물을 공유할 가장 적절한 시점이라고 생각합니다. 본 도서는 특수교사들이 이를 좀 더 보완하고 잘 정리한 결과물입니다. 모쪼록 이 책을 읽고 아이들과 부모님, 동료 교사들과 함께 행복한 학교를 만들어 가는 데 도움이 되었으면 합니다.

　　　　　　　　　　　　　　　　　　　　　　저자 일동

주

1) 효과적인 훈육의 4가지 기준

　1. 친절하면서 단호하게 아이들을 대하는가? (배려와 격려)

　2. 아이들이 소속감과 중요성을 느끼도록 도와주는가? (상호 연결)

　3. 장기적으로 효과적인가? (처벌은 단기적으로는 효과를 발휘하지만 장기적인 효과에서는 부정적이다.)

　4. 훌륭한 인격 형성에 필요한 사회적 기술, 삶의 기술을 가르치는가? 상대방에 대한 존중과 배려, 문제 해결, 책임, 공헌, 협력_『교사와 부모를 위한 긍정훈육』, 38쪽, 더블북, 2022.

2) 『학급긍정훈육법 특수교육편』, 에듀니티, 2019

3) ·Rebellion(반항) : 나를 당신 뜻대로 바꿔보려고? 내 멋대로 할 거야.

　·Revenge(보복) : 난 이미 마음이 상했어. 그만큼 당신도 상처받게 해줄 거야.

　·Retreat(후퇴)

　가. 낮은 자기 평가 : 그래, 이미 난 나쁜 사람이야. 이미 그렇게 알고 있으면서 뭘 바라?

　나. 속임수 : 재수 없게 걸린 거야. 다음에는 걸리지 말아야지.

4) 긍정훈육 특수교육편 p58, 에듀니티, 2022

5) 영유아교육자를 위한 긍정훈육, 2022, BOOKK,

6) 영유아교육자를 위한 긍정훈육, 2022, BOOKK,

7) 모든 학생들이 평등한 조건에서 학습을 할 수 있도록 구조를 설계한 것을 '보편적 학습설계'라고 한다. 이 용어는 '보편적 설계$^{universual\ design}$'에서 나왔다. '보편적 설계'란 모든 건축물이나 시설 생산물을 장애 유무나 연령 등과 상관없이 모든 사람들이 편리하게 사용할 수 있도록 건축 전에 모든 장애 요소들을 고려하고 설계에 반영하려는 노력이다. 출처: https://www.edupolnews.com

8) 순수행동: 사회적 중립행동, 의도가 없는 행동, 감각기능과 관련된 장애로 일어나는 행동을 말한다. 참고: 학급긍정훈육법 특수교육편/ 에듀니티, 44~49쪽

9) 학급긍정훈육법-활동편/에듀니티, 25쪽

10) 아동의 자아 존중감 형성에 영향을 미치는 요인 분석, 제희선, 이강훈, 유아교육연구, 2019. 제39권 제4호, 31-60

11) 용기의 심리학, p36, 학지사

12) 사적논리$^{Private\ logic}$: 아들러 심리학에서 말하는 개념 중 하나이며 한 사람이 주관적으로 의미를 부여한 사고방식, 가치관, 자신과 세상에 대한 관점 등을 말한다.

참고문헌

1) 고정욱 글, 릴리아 그림, 『다정한 말 단단한 말』, 우리학교, 2022.

2) 도나 W. 언하트 글, 안드레아 카스텔라니 그림, 김경연 옮김, 『솔직하면 안 돼?』, 도서출판풀빛, 2015.

3) 루이스 L. 헤이, 크리스티나 트레이시 글, 마누엘라 슈워츠 그림, 고정욱 옮김, 『주문을 걸어봐!』, 불광출판사, 2011.

4) 이정원 글, 김태은 그림, 『내가 듣고 싶은 말』, 뜨인돌출판, 2021.

5) 코비 야마다 글, 가브리엘라 버루시 그림, 이진경 옮김, 『아마도 너라면』, 상상의힘, 2020.

6) 테레사 라살라·조디 맥비티·수잔 스미사 지음, 김성환 옮김, 『학급긍정훈육법 활동편』, 에듀니티, 2009.

7) 제인 넬슨 지음, 김성환 옮김, 『제라드의 우주 쉼터』, 교실어린이(교육과 실천), 2018.

8) 제인 넬슨 지음, 김성환 옮김, 『소피아의 화를 푸는 방법』, 교실어린이(교육과 실천), 2021.

9) 다비드 칼리 지음, 세바스티앙 무랭 그림, 이주영 역, 『완두』, 진선아이, 2018.

10) 다비드 칼리 지음, 마리아 덱 그림, 정화진 역, 『모두를 위한 케이크』, 창비, 2018.

11) 이정원 글, 임성희 그림, 『감사해요』, 걸음동무, 2020.

12) 김세실 글, 이민혜 그림,『화가 둥! 둥! 둥!』, 시공주니어, 2009.

13) 최숙희 글·그림,『넌 어떤 씨앗이니?』, 책읽는곰, 2013.

14) 한라경 글, 정인하 그림,『나는 빵점!』, 토끼섬, 2021.

15) 신혜은 글, 김효은 그림,『행복은 내 옆에 있어요』, 시공주니어, 2009.

16) 이주희 글·그림,『고민 식당』, 한림출판사, 2019.

17) 김성환 글,『빛을 찾아 떠난 이야기』, 아이스크림, 2020.

18) 김성환 지음,『감격해 카드』, 에듀니티, 2016

19) 김미례, 오명자,김광운 공역,『격려기술』, 학지사. 2012

20) 오익수 역,『용기의 심리학』, 학지사, 2015

21) 노안영,『불완전할 용기2』, 학지사, 2024

집필 저자 소개

공보영

전남 초등특수교사

영유아를 위한 긍정훈육법(ECE) 매뉴얼 공역

전국 특수PDC&ECE 실천연구회

PDC 에듀케이터, EC 컨설턴트

아이들이 자신을 사랑하고 다른 사람과 더불어 살아가는 모습을 꿈꾸며, 오늘도 아이들과 아름다운 시간을 쌓아가고 있습니다.

권나현

인천 유아특수교사

인천 특수통합교사 PDC 연구회

PDC·PD·ECE 에듀케이터, EC 컨설턴트

아이들이 가진 성장과 변화의 힘을 확신하고 그 믿음으로 아이들과 함께 매일매일 즐겁게 성장하고 싶습니다.

김민진

서울 중등특수교사

특수교사 교육을 말하다(시행착오와 경계를 넘어) 공저

해 보니까 되더라고요(중학교 통합교육을 말하다) 공저

서울 특수교사 PDC연구회

PDC·PD 에듀케이터, EC 컨설턴트

격려와 따뜻함이 있는 교실에서 학생들을 만나고 있습니다. 격려와 지지로 학생들과 함께 성장하며, 우리의 빛나는 가능성을 발견하고, 함께 사는 삶을 지향합니다.

김은서

서울 초등특수교사

PDC퍼실리테이터, PD·ECE 에듀케이터

서울 특수교사 PDC연구회

우리 아이들이 자신과 타인의 불완전함을 인정하고 지금, 여기를 살 수 있도록 함께하며 저 또한 아이들에게 힘과 용기를 얻어 성장하고 있는 중입니다.

김정하

부산 초등특수교사

영유아를 위한 긍정훈육법(ECE) 매뉴얼 공동 번역

전국 특수PDC&ECE실천연구회, 부산 특수PDC교육연구회

PDC·PD·ECE 에듀케이터, EC 컨설턴트

아이들이 학교에서 즐거웠으면 합니다. 즐거움 속에 때로는 힘들고 슬픈 일이 있지만 그것 역시 성장의 과정이 되는 학교가 되길 꿈꿉니다.

김태수

경기 초등특수교사

(사)한국긍정훈육협회 이사

경기 특수교사 PDC연구회

PD·PDC·ECE 에듀케이터

모든 의견은 동등하게 귀중하다는 마음으로 실천하며 살아가고 싶습니다.

문다혜

전남 중등특수교사

영유아를 위한 긍정훈육법(ECE) 매뉴얼 공역

전국 특수PDC&ECE실천연구회, 전남 PDC연구회

PDC·PD·ECE 에듀케이터, EC 컨설턴트

'함께 성장'이라는 단어를 좋아합니다. 따뜻한 공동체 안에서 자신의 가능성을 맘껏
펼칠 수 있도록 지지하고 응원하는 교사입니다.

박주현

경기 중등특수교사

학급긍정훈육법 특수교육편 공역

경기 특수교사PDC연구회

학교에서 좌절한 아이들을 볼 때마다, 그들에게 용기를 주는 어른이 되고 싶다는 생각
이 듭니다. 순수한 아이들이 모여 있는 경기도의 고등학교에서 교사로 일하고 있습니
다. 불완전하지만 용기 있게 살아가는 어른으로서, 아이들과 만나고 싶습니다.

박지현

인천 초등특수교사

영유아를 위한 긍정훈육법(ECE) 매뉴얼 공역

전국 특수PDC&ECE실천연구회, 인천 특수통합교사 PDC연구회

PDC·PD·ECE 에듀케이터, EC 컨설턴트

매일 아이들의 세계에 들어가 그 마음을 공감하고, 격려하며 연결되기를 희망합니다.

빈나리

대구 초등특수교사

학급긍정훈육법 특수교육편 공역

영유아를 위한 긍정훈육법(ECE) 매뉴얼 공역

전국 특수PDC&ECE실천연구회, 대구 PDC실천연구회

PDC·PD·ECE 에듀케이터, EC 컨설턴트

아이들이 소속감과 자존감을 느끼며 행복하게 성장할 수 있도록 돕고 있습니다. 긍정
훈육으로 아이들의 마음에 따뜻한 온기를 전하고 있습니다.

송석희

부산 초등특수교사

영유아를 위한 긍정훈육법(ECE) 매뉴얼 공역

그림책으로 시작하는 자존감 연습 공저

전국 특수PDC&ECE실천연구회, 부산 특수PDC교육연구회

PDC·PD·ECE 에듀케이터, EC 컨설턴트

만나는 모든 아이들에게서 배우고 오늘 한뼘 더 긍정훈육과 가까워진 눈으로 자신과
아이들을 살피려고 노력하고 있습니다.

우승희

경기 중등특수교사

경기 특수교사PDC연구회

PD·PDC 에듀케이터, EC 컨설턴트

같이 걸어가고 싶은 교사입니다. 때로는 손을 잡고, 때로는 어깨를 나란히하고, 때로
는 얼굴을 마주보며 학생과, 학부모와, 동료와 함께 걷고 싶습니다.

정혜현

경기 초등특수교사

영유아를 위한 긍정훈육법(ECE) 매뉴얼 공역

전국 특수PDC&ECE실천연구회

PDC·PD·ECE 에듀케이터, EC 컨설턴트

우리 아이들이 자신만의 빛으로 세상을 환하게 비추는 꿈을 꾸며, 그 여정을 함께하고
싶습니다.

현은주

경기 중등특수교사

경기 특수교사PDC연구회

PDC 에듀케이터

모든 존재는 그 자체로 빛난다는 믿음을 바탕으로, 각자가 내면에 감춰진 빛을 발견할 수 있도록 서로를 응원하며 함께 빛을 찾아가는 길을 걸어가도록 학생들을 격려하고 있습니다.

황민령

인천 유아특수교사

영유아를 위한 긍정훈육법(ECE) 매뉴얼 공역

전국 특수PDC&ECE실천연구회, 인천 특수통합교사PDC연구회

PDC·PD·ECE 에듀케이터, EC 컨설턴트

모두가 소속감을 느낄 수 있는 차별과 배제 없는 상식적인 공동체를 지향하며 그 지향점이 교육 목표이자 곧 제 삶의 목표입니다.

학급긍정훈육법

초판 1쇄 인쇄 2025년 2월 10일
초판 1쇄 발행 2025년 2월 21일

지은이 공보영, 권나현, 김민진, 김은서, 김정하, 김태수, 문다혜
　　　　박주현, 박지현, 빈나리, 송석희, 우승희, 정혜현, 현은주, 황민령
펴낸이 하인숙

기획총괄 김현종
책임편집 은현희
마케팅 최의범, 김미숙
디자인 표지 | 스튜디오 허브 **본문 |** 노유진

펴낸곳 더블북
출판등록 2009년 4월 13일 제2022-000052호
주소 서울시 양천구 목동서로 77 현대월드타워 1713호
전화 02-2061-0765 **팩스** 02-2061-0766
블로그 https://blog.naver.com/doublebook
인스타그램 @doublebook_pub
포스트 post.naver.com/doublebook
페이스북 www.facebook.com/doublebook1
이메일 doublebook@naver.com

ⓒ 송석희 외, 2025
979-11-93153-58-1 (94370)
979-11-93153-53-6 (세트)